古代史の秘密を握る人たち

封印された「歴史の闇」に迫る

関 裕二

PHP文庫

○本表紙図柄＝ロゼッタ・ストーン（大英博物館蔵）
○本表紙デザイン＋紋章＝上田晃郷

まえがき

たわいもない夢がある。

一度でいいから大学教授になって、入学試験問題をつくってみたい。

小論文の課題は次の一点、

「太平洋戦争が起きた原因を、聖徳太子をもって、解き明かせ」

試験会場で、緊張した面もちの受験生からどよめきが起こる。

「無茶だ!!」

「こんな問題があっていいのか!!」

「そんなの高校で習ってないもん」

涙声になるヤカラもいよう。罵声《ばせい》すら飛び交《か》うかもしれない。

しかし、たじろがず、すました顔で、我が輩《はい》はいうね。

「歴史に断絶はありませーん。聖徳太子と太平洋戦争につながりが全くないわけでもありまっせーん。原稿何枚になってもいいから書いてみなさーい」

一瞬何が起きているのかも分からず、場内は静まりかえる。

すると、ひとりの青ざめた顔の受験生が立ち上がり、何か一つでもいいからヒントをくださいと懇願する。

「よろしい。まず、時代背景というものを考えてみよう。賢明なる受験生たちはもう知っているように、明治維新後の近代日本と、聖徳太子の時代背景は驚くほど似ていますね?」

受験生は「なんのことだ?」というように、狐につままれたような顔をしている。

「教わってないよお」

「わけわかんねえ」

我が輩は無視してつづける。

「よろしいですかあ。聖徳太子は中国大陸の隋《ずい》や唐《とう》で完成されつつあった律令《りつりよう》制度や、新たな文明を日本に取り入れようと必死でした。近代日本の黎明《れいめい》期も、やはり、西洋文明を取り入れようとしていました。これは間違いありませんね!?」

それはそうだと一同深くうなずく。

「しかーし、道半ばで聖徳太子が倒れたのち、日本はどうなったでしょう? しばらくして、中大兄皇子《なかのおおえのみこ》は無謀にも朝鮮半島に出兵し、唐と新羅《しらぎ》の連合軍の前に大敗北を喫しました。このとき、ヤマト朝廷は、亡国の危機に見舞われたのです。みなさんご存知の白村江《はくそんこう》の戦いがこれです。おそらく、唐と新羅の連合軍が攻め入っていれば、今われわれはここに座っていなかったでしょう。ところが、ここで唐が、攻める矛先《ほこさき》を、まず高句麗《こうくり》と決めたことで、日本はかろうじて救われたのでした。しかもこののち、新羅が唐に反旗を翻《ひるがえ》したことによって、日本は唐との間に友好関係を結ぶことに成功してしまうのです。太平洋戦争で負けた日本が、東西冷戦で救われた図式と、そっくりじゃないですか。唐をアメリカ、高句麗をソ連や北朝鮮としてもいい」

なるほど、と、受験生もようやく納得《なっとく》してきたようである。

そこですかさず我が輩は畳《たた》みかける。

「で、ほんとうのヒントはね……」

固唾《かたず》を呑《の》んだ受験生の眼差しが我が輩に集まる。

「この本の中に書いてあるんだよ」

「きったねー」

「許せなーい」

乞うご期待。

古代史の秘密を握る人たち＊目次

第二章　異色の天皇列伝

編集協力――㈲ホソヤプランニング

第一章

古代史の秘密を握る人たち

百済寺三重塔

コラム

——IT革命のあとにくるもの

時代の大転換期がこうしてやってくるものなのかと、IT革命をみていてそう思う。二十一世紀初頭の数年間は、おそらく、産業構造の大変革や新たな弱者と勝者を生み出したとして、長く人々の記憶に留められ、歴史の教科書に記されることだろう。われわれは歴史の目撃者であり、歴史をつくる一人一人であることを、今実感させられている。

しかしいっぽうで、急激な変化のあとには、必ず揺り返しがくる、というのもまた歴史の鉄則である。デジタル化社会の向こうにあるのは、人間復古の潮流にちがいない。そしてその流れが、日本人にアイデンティティのありかを問いただしてくることも明らかだ。

デジタルばかりに気を取られるあまり、その先を読み落としていてはならないだろう。インターネットの発達によって、個性をもった中小企業や、大型店舗に押されていた商店街が復活することも十分考えられる。

最先端技術は、意外にも、今、「個」の復興をもたらす可能性をもっているのであり、その「個」は、それぞれの環境、歴史に裏づけされたたしかな人格である必要がある。つまり、デジタルに乗り遅れ、アイデンティティをもたない人間に、未来はない、という状況が出現しようとさえしているのではあるまいか。高い技術だけをもっていても、意味のなくなる時代は必ずやってくる。問題は、いかに技術を使いこなすかであり、人間一人一人がどのように生きていくかにかかっているといえよう。

ひるがえって、日本人の先祖たちの貴重な体験を振り返ってみるに、多くの偉人たちが、時代の大波をかぶり、乗り越えてきたものたちであったことに気づかされる。しかも、海の外から多くの文物を取り込み、時代の潮流をけっして見落とさなかった歴史の偉人たちが目白押《めじろお》しだ。

とくに、古代史には、日本人の歩んできた道の根源が隠されてもいる。日本人とはなんなのか、いかにこれからの道を開いていけばいいのか、歴史を知るということは、アイデンティティを確立し、未来をみる目を確かにしてくれるにちがいないのだ。

縄文《じょうもん》人は稲作という先進の文化にいかに対応し、これを取り込んでいったのか。邪馬台国《やまたいこく》の卑弥呼《ひみこ》が激動の東アジア外交に乗り出していったのはなぜか。倭《わ》の五王たちは、何を目論《もくろ》んで半島の紛争に介入していったのか。古代の行政改革を断行し、不遇の晩年を送った聖徳太子の胸の内はどのようなものだったのか。無謀ともいえる百済《くだら》遠征を選択し大敗北を喫した天智《てんじ》天皇はほんとうに正しかったのか。朝廷の正規軍に裸《はだか》一貫で立ち向かい勝利を収めた天武《てんむ》天皇というなぞ。藤原という俗権力に対抗し、裏社会とつながっていった異色の天皇・聖武《しょうむ》。「奴《やつこ》を天皇にしても、天皇を奴といっても」という目を疑いたくなるような発言をした称徳《しょうとく》天皇……。

古代史には、個性豊かで、先を読み、時代を切り開いてきた人々の逸話に満ちている。そんな先祖の生きざまから、激動の時代を生き抜くヒントを見つけていただきたい。

崇って出ていた蘇我入鹿

●蘇我入鹿が崇って出ていたという話

歴史上、崇《たた》って出てきた人物など掃《は》いて捨てるほどいる。菅原道真《すがわらのみちざね》、長屋《ながや》親王、崇道《すどう》天皇、平将門《たいらのまさかど》などなど。数え上げればきりがない。生前いじめた奴《やつ》らの前に姿を現わして、恨み言《うらごと》をいうぐらいならまだかわいいほう。いきなり雷を落として驚かそうと思ったら相手が死んでしまったという、そういう事件もあったのだ。さんざん大暴れして人々を震え上がらせたものなのだ。くわばらくわばら。

しかし、日本史上最大の悪党、蘇我入鹿《そがのいるか》も崇っていたと聞けば、「なぜ」と、つい首を傾げてみたくなってくる。

そもそも崇るというのは、崇られるほうにやましい心があるからで、日頃びくびくしていると、なんでもかんでも崇りに思えてくるものなのだ。その点、蘇我入鹿の崇りというものは、にわかには信じがたい。なぜなら、蘇我入鹿は天皇家を滅ぼそうとした大悪人。しかも、聖者聖徳太子の子どもの一族を滅亡に追い込んでしまっている。情状酌量《じょうじょうしゃくりょう》の余地はなかったのだ。

とすれば、蘇我入鹿を殺したところで、「祟られる！」という恐怖心が湧くはずもなかった。

ところがどうだろう。蘇我入鹿は死後、鬼の格好をして、朝廷を恐怖のどん底に突き落としていたのだ。

入鹿暗殺現場に居合わせたのは皇極《こうぎょく》天皇で、この女帝は蘇我入鹿の死後、一度退位し、さらに弟の孝徳《こうとく》天皇が亡くなると、もういちど担ぎ上げられて斉明《さいめい》天皇となるのだが、斉明天皇の時代、奇怪な出来事がしばしば起きていたという。ちなみに、飛鳥《あすか》で新たに亀石《かめいし》が見つかったといって大騒ぎしていたのが、この斉明天皇の時代の遺物だった。

それはともかく、八世紀に成立した正史『日本書紀』には、次のようにある。

それは斉明元年（六五五）五月のことだった。大空を竜に乗ったものが飛んでいたのだ。青い笠をかぶり葛城《かつらぎ》山から生駒《いこま》山にひとっ飛び。そこから大阪方面に移動し、住吉《すみよし》から西に向かって飛び去ったという。

それだけではない。斉明七年（六六一）五月、百済《くだら》救援のために九州に赴いた斉明天皇の前に、例の笠をかぶった怪人が現われる。

前兆は、宮中に出現した鬼火（ひとだま？）だった。近習《きんじゅう》のものがばたばたと病《やまい》に倒れ、死んでいったのだ。その二カ月後、ついに怪人が姿を現わす。しかもそれは、斉明天皇の葬儀の場だった。鬼が大きな笠を着て、葬儀の様子をじっと見ていたのだ。

この鬼、いったい何者だろう。

平安末期に成立した『扶桑略記《ふそうりやっき》』は、斉明天皇の周囲で人々が死んでいった理由を、「豊浦大臣《とゆらのおおおみ》の仕業《しわざ》に違いない」と断定している。ここにいう豊浦大臣とは、蘇我入鹿とも、あるいは蘇我蝦夷《えみし》ともいわれているが、いずれにせよ、乙巳《いっし》の変で殺された二人のどちらかであることは間違いない。暗殺直後、蘇我入鹿の首は皇極《こうぎょく》（斉明《さいめい》）天皇めがけて飛んでいったという伝承のあるところから、むしろ蘇我入鹿のほうがふさわしい。

つまり、蘇我入鹿は明らかに祟って出ていたわけだ。そして、「祟りの法則」をこれに当てはめれば、祟った蘇我入鹿は、罪なくして殺されたのではないか、という疑いが浮かんでくる。

●誰が山背大兄王を殺したのか

崇《たた》りを甘くみてはいけない。極論すれば、神道でさえ、崇りを押さえることが最大の目的だったのだから。

のちにもう一度触れると思うが、実在した初代ヤマト朝廷の大王・崇神《すじん》天皇は、即位してみたはいいものの、なかなかうまく国を治められないでいた。疫病が大流行し、人々は働こうともせず、ぶらぶらするありさまだった。そこで占いをしてみると、出雲《いずも》の大物主神《おおものぬしのかみ》の崇りだ、ということが分かった。

そこで崇神天皇は大物主神の末裔《まつえい》を探し出し、崇る神を祀《まつ》らせたのだという。こうしてめでたく、ヤマトは平和になったというのだ。崇りは国を揺さぶるほど重大な事件だったわけで、神道とは、崇る神を祀る宗教でもあった。

この点、蘇我入鹿の崇りを無視することはできない。蘇我入鹿を殺した中大兄《なかのおおえの》皇子《みこ》や中臣鎌足《なかとみのかまたり》が、はたして「教科書どおり」の英雄だったかというと、じつに怪しい。

蘇我入鹿暗殺現場に話を戻そう。

斬りつけられた蘇我入鹿は、皇極天皇に詰め寄り、事態の説明を求め、「私が何

入鹿斬殺（多武峰縁起絵巻）　刀を振り上げているのが中大兄皇子

をしたというのか」と訴える。「私はなにも知らない」とうろたえ、首を振る女帝。この場面から、皇極天皇と蘇我入鹿は男と女の仲にあったのではないかという推理もあるほどなのだ。それはともかく……。

皇極天皇が息子の中大兄皇子を叱責《しっせき》すると、

「蘇我入鹿は上宮《じょうぐう》王家を滅ぼして、天位を傾けようとしているのです。なぜ貴い血脈を蘇我に入れ替えることができましょうか」

だからこうしてやる!!　とあいなって、蘇我入鹿の首は無惨《むざん》にも打ち落とされたのだった。

ここにいう上宮王家とは、聖徳太子の子・山背大兄王《やましろのおおえのおう》の一族のことであり、たしかに、

『日本書紀』によれば、蘇我入鹿は、皇位継承問題で邪魔になった山背大兄王を消しにかかった、ということになる。

くりかえすようだが、これがほんとうなら、蘇我入鹿に祟る理由はない。

しかし、この上宮王家滅亡事件にも、黒い謎《なぞ》がつきまとう。

急襲された法隆寺を捨て、一度は生駒《いこま》山に逃れた山背大兄王であったが、蜂起《ほうき》のすすめを振り切って、

「私が立ち上がれば勝つのは分かっている。しかしそうなると、みなに迷惑をかけることになる」

こういうと何を思ったか一族郎党を引き連れて、法隆寺に戻り、自害して果ててしまったのだ。上宮王家はこうして滅亡したのだと『日本書紀』はいう。

「おいおい、道連れにされた一族はいい迷惑だろう」

とつっこみを入れるのは、史学界ではタブーらしい。

「さすがに聖者のやることは違う」

というのが、史学界の大御所《おおごしょ》の感想なのだ。ほんとうにこれでいいのだろうか。

哲学者・梅原猛《たけし》氏は、

「ちょっと、ここおかしいんじゃないか」

と噛《か》みついた。

そのおかげで史学界から総すかんを食らい、

「よほど風変わりな人物」

という、レッテルを史学界から貼られてしまったのだ。

ところで、梅原氏は、事件そのものだけではなく、事件ののちの政局の流れにも注目している。上宮王家を滅亡に追い込んだのが蘇我入鹿であったとしても、蘇我入鹿を裏から操っていたのは、中臣鎌足ではなかったか、と推理したのだ。山背大兄王は蘇我系皇族で、中臣（藤原）氏の権力奪取の手法に、敵対勢力の内紛を利用してのし上がる、というものが顕著なこと、上宮王家滅亡後、中臣鎌足が異例の出世をしていること、後世、中臣鎌足の末裔の藤原氏が、聖徳太子の祀られる法隆寺に異常に気を遣っているから、とする。

さて、この謎をどう考えればいいのだろう。ほんとうに蘇我入鹿は「太子の子」を殺していたのだろうか。

●大化改新後の中大兄皇子の評判

聖徳太子の謎はまたのちに触れるとして、ここでは、祟《たた》る蘇我入鹿《そがのいるか》を掘り下げてみよう。

さて、疑い出せばきりがないが、どう考えてみても、蘇我入鹿が悪人だったとは信じられない。入鹿暗殺ののち実権を握った中大兄皇子《なかのおおえのみこ》らに対して、民衆は非難し、罵声《ばせい》を浴びせているからだ。

学校の教科書を信じるならば、聖徳太子の改革事業を潰《つぶ》しにかかったのは、蘇我入鹿だった、ということになる。それまで培《つちか》ってきた既得権をのがしてなるものか、とごねたというのだ。そして、このわがままを「許してなるものか」と立ち上がったのが中大兄皇子や中臣鎌足で、大化改新という古代版「血の行政改革」をやってのけた、ということになる。

ところが、ここらへんから話が妙な案配《あんばい》になってくる。乙巳《いっし》の変（乙巳の変が入鹿暗殺で、大化改新がその後の行政改革）ののち即位した孝徳《こうとく》天皇と、その皇太子に選ばれた中大兄皇子はそりが合わず、難波《なにわ》（大阪市とその付近）と飛鳥《あすか》で「別居生活」を送っていくことになる。しかも、孝徳天皇は、かつて上宮《じょうぐう》王家を滅ぼした軍勢の中の一員に入っていたという話もあって、話が混沌《こんとん》としてくる。

少なくとも、『日本書紀』を先入観なく読み返せば、大化改新を手がけたのは蘇我派の孝徳天皇であって、中大兄皇子は、別の場所から指をくわえて見守っていた、

大化改新の相談(多武峰縁起絵巻)　中大兄皇子(右)と中臣鎌足

という状況がみえてくる。そして、孝徳天皇にさんざん嫌がらせをしたのも中大兄皇子だった。

中大兄皇子が実権を握ったのは、孝徳天皇の死後、母斉明《さいめい》(皇極《こうぎょく》)天皇を擁立してからで、では、ここからこの男が何をしでかしたかというと、一度すでに滅びてしまった朝鮮半島の百済《くだら》を復活させようと軍隊を出動させたことだった。

結果は当然のことながら大敗北。民衆は黙っていなかった。

だいたい、戦争が始まる前から、中大兄皇子に人気はなかった。土木工事を好み、長い溝を掘り、石を運ばせ石垣を築かせた。人々は「狂心(たぶれごころ)」とののしり、「つくったそばからこわれるだろう」と、噂《うわさ》しあったというのだ。

それだけではない、おそらく外洋に遠征にいくためだろう、駿河《するが》国に船をつくらせたが、曳航《えいこう》中、理由もなくこわれてしまったという。民衆は、中大兄皇子の横暴に、サボタージュで応酬していたようだ。

白村江《はくそんこう》の敗戦ののちも、ひどいものだった。

唐《とう》と新羅《しらぎ》の連合軍の侵攻を恐れた中大兄皇子は、各地に山城を築き、また都を飛鳥から近江《おうみ》に移そうとした。このとき、人々は遷都に反発し、不審火《ふしんび》が相次いだという。中大兄皇子の宮も何回も燃えている。

こうしてみてくると、中大兄皇子の目指した大化改新というものがいったい何だったのか、なぜ蘇我入鹿が殺されなければならなかったのか、深い謎が生まれてくる。

●独裁王の出現と蘇我氏の受難

ここで古代史のおさらいをしておこう。

縄文《じょうもん》時代が今から一万六千年前から紀元前四百年（あるいはもう少し繰り上がるかもしれない。紀元前五百年ごろとする説もでている）とのこと。こののち弥生《やよい》時代から渡来人の流入が千年近くつづくのだが、紀元後三世紀半ばごろ、畿内《きない》に前方後円墳が出現し、ヤマト朝廷が誕生したと考えられている。ちなみに、邪馬台国《やまたいこく》は、二世紀後半から三世紀後半にかけてのことだから、ヤマト建国と邪馬台国はほぼ同時代であったことになる。

それはともかく、ヤマト朝廷誕生後、四世紀は国内の安定成長期、そして五世紀は、さかんに海外に軍事介入する時代といえる。学校で習った広開土王碑文《こうかいどおうひぶん》も五世紀のことで、朝鮮半島にちょっかいを出すことで、日本の大王が東アジアでちょっとは名の知れた存在となった。

逆に、そのために大王家が増長し、朝鮮半島南部の百済《くだら》と手を組み独裁王も出現している。問題は、六世紀に入るころ、国力が疲弊《ひへい》し、さらには旧態依然とした政治システムが時代に合わず、混乱を招いていた、ということなのだ。そして、ここで救世主として登場したのが聖徳太子で、だからこそ、聖者と崇《あが》められたといえるのかもしれない。聖徳太子は中国の隋《ずい》や唐《とう》で完成しつつあった律令《りつりょう》制度の導入を試みたのだった。

さて、通説に従えば、このような歴史の流れの中で、蘇我入鹿《そがのいるか》は聖徳太子の目指した日本近代化の流れに逆らった、ということになる。自家の繁栄のみを願った蘇我氏は、天皇家さえないがしろにし、横暴を極めたと信じられている。

しかし、これはほんとうだろうか。

ちょっと頭をひねってほしい。蘇我氏の全盛期は、稲目《いなめ》・馬子《うまこ》・蝦夷《えみし》・入鹿のほぼ四代であった。六世紀から七世紀にかけてのことだ。この間、蘇我氏は渡来系のテクノクラートを活用し、疲弊《ひへい》したヤマト朝廷の財政を立て直している。そして、ここが大切なのだが、蘇我系の推古《すいこ》天皇を押し立て、このときの実質的な権力者は摂政《せっしょう》で、やはり蘇我系皇族の聖徳太子であり、彼らは、隋や唐、高句麗《こうくり》・新羅《しらぎ》との間に友好関係を結んでいる。

注意してほしいのは、百済一辺倒の外交活動はまったくやっていない、ということなのだ。これは、独裁王権を目指し、百済を頼っていた五世紀以来の〝天皇家〟の外交方針とはまったく異質なのだ。

いっぽう、中大兄皇子はといえば、実権を握ったのち、民衆の罵声《ばせい》を無視し、百済救援を強行したのだった。

とするならば、親百済外交を選んだ五世紀の独裁王の暴走がまずヤマト朝廷の衰弱を招き、これをいったんは蘇我氏が立て直したものの、中大兄皇子がすべてをぶちこわした、という図式が描けるのではないだろうか。

つまり、蘇我入鹿という人物ひとりを取り上げても、古代史は根底から覆《くつがえ》る可能性を秘めているわけだ。

古代史のすべての秘密を握る藤原不比等

●闇に紛れた怪人

古代史を知るにあたってもっとも重要な人物は誰かといえば、迷わず藤原不比等《ふひと》の名をあげることができる。

藤原不比等と聞いて、その正体を正確にいい当てられる人がいたならば、かなりの変人といっていい。ほとんど無名に近い人物であり、歴史の教科書にも載っていないのではないか……。

しかし、この人物こそ、八世紀以降の日本の基礎を形づくった人物であり、またその逆に、八世紀以前の日本の歴史を闇に葬った張本人でもある。

藤原（中臣《なかとみ》）氏といえば、七世紀に勃興し、以後近代にいたるまで、日本でもっとも由緒正しい一族として君臨してきたものだ。

現代社会にも大きな影響力をもっていて、天皇家を中心とする門閥を形成しているのが、この藤原氏の末裔《まつえい》である。

たとえば、大政翼賛会《たいせいよくさんかい》をつくり戦後自殺した近衛文麿《このえふみまろ》や、熊本県知事から首相に上り詰め、人気を集めつつも保身のために国を捨てた細川元首相にも、藤原の血が入っている。彼らは代々天皇家と血縁を結び、天皇家を傀儡《かいらい》にして、生き延びてきたのだった。平安時代、国家財政は彼らの私財からまかなわれた時期もあって、まさしく、日本最大の名族であることは間違いない。

ところで、これはあまり知られていないことだが、藤原氏繁栄の基礎を築いたのは、大化改新で名高い中臣鎌足《かまたり》ではなく、じつは藤原不比等だったのだ。

この男の実像がこれまではっきりしなかったのは、歴史改竄《かいざん》とともに、自らの姿を闇に紛《まぎ》らわせてしまったからといえる。それが『日本書紀』と『続日本紀《しょくにほんぎ》』で、カラクリが巧妙にしつらえてあったがために、歴史の勝者でもあった藤原不比等の姿が消えて見えなかった。したがって、この人物の重要性は、近年にいたるまで、史学者たちに気づかれずに捨て置かれてしまった。

藤原不比等は西暦六五九年にこの世に生を享《う》け、都が飛鳥《あすか》から平城京《へいじょうきょう》に移されたのちの、七二〇年に死んでいる。その間、白村江《はくそんこう》の戦い、壬申《じんしん》の乱《らん》など、激動の時代を生き抜き、天武《てんむ》天皇の死後、持統《じとう》天皇に見いだされて大抜擢《だいばってき》を受け、一躍時代の寵児《ちょうじ》になった。

しかし、この大出世には大きな謎がつきまとう。

藤原不比等は、乙巳《いっし》の変《へん》（大化改新）で蘇我入鹿暗殺の主役になった中臣鎌足の子だから、抜擢されるのは当然のように思われてきた。しかし、どうにも不可解なのは、壬申の乱ののち王権を奪取した天武《てんむ》天皇は、中臣鎌足の子・不比等を政権から閉め出していて、夫の遺志を引き継いだとされる持統《じとう》朝において、なぜ不比等が大抜擢されたのか、通説では説明がつかない、ということなのである。

天武天皇は天智《てんじ》天皇（中大兄皇子《なかのおおえのみこ》）の弟であり、天智天皇は天武（大海人皇子《おおあまのみこ》）を皇太子に指名していた。ところが、子の大友《おおとも》皇子の成長で、考えが変

多武峰信仰の神像として描かれた中臣鎌足

わったといわれている。すなわち、弟ではなく、子を王位につけたいという野望が芽生えたのだった。

そしてこれを後押ししていたのが中臣鎌足だった。ここに、天智・天武の骨肉の争いが生まれ、結局、中臣鎌足・天智天皇の死後、壬申の乱を制した天武天皇が天下を取ったのだった。当然中臣鎌足の子の不比等の居場所はなかった。

●『日本書紀』はなんのために書かれたのか

藤原不比等《ふじわらのふひと》台頭の謎は、いっぽうで、西暦七二〇年に編纂された『日本書紀』の謎でもあった。

一般に『日本書紀』は、天武《てんむ》天皇の強い意志で書かれたと考えられている。『日本書紀』に、正史の編纂《へんさん》を天武天皇が命じたとあること、『古事記』の序文に、やはりこの文書が天武天皇の発案であったと記されていることが大きな理由だ。

また、なぜ天武天皇が歴史書を書かせたかというと、壬申《じんしん》の乱《らん》で甥《おい》の大友皇子を殺し、政権を奪取したことの正当性を後世に残すためだった、と考えられている。

そして、この天武天皇の遺志を引き継いだのが、持統《じとう》天皇だった、ということになる。

しかし妙ではないか。

天武系の王朝は、第四十八代称徳《しょうとく》天皇の代で途切れ、これに代わって、光仁《こうにん》・桓武《かんむ》という天智系の天皇が立って、平安時代を迎えている。ところが、平安天智王朝は、『日本書紀』を焼き捨てなかったばかりか、これを大切に守っていったのである。天武天皇は天智王家を潰《つぶ》した宿敵であり、もし通説どおり、『日本書紀』が「天武天皇のために書かれた代物《しろもの》」であったとすると、説明がつかない。

さらにこれに付け加えると、天武朝から干された藤原不比《ふひ》等が、『日本書紀』の編纂の中心にいた、という話も不可解だ。

古代史研究のもっとも大切な文書『日本書紀』に、これほど重大な謎が隠されているのに、これまで指摘されてこなかったことにも納得しかねるものがある。

持統天皇

答えは意外なところにある。

『日本書紀』の中で、天皇家の祖を女性の太陽神・天照《あまてらすおおみかみ》大神に求めている。天武天皇を新王朝の偉大な始祖に祭りあげるために書かれた『日本書紀』の中で、どうして〝天武天皇〟ではなく、女性の太陽神を重視したのか……。そのひとつの理由に、のちに触れるように、邪馬台国《やまたいこく》の卑弥呼《ひみこ》と天皇家のつながりも想定できる。またもうひとつ考えられるのは、藤原不比等が、持統《じとう》女帝を皇祖神に仕立て上げようとした疑いが強い、ということなのである。

これはどういうことかというと、問題は、持統天皇の血脈にある。持統天皇はたしかに天武天皇の皇后だが、それ以上に、天智天皇の娘であった。すなわち、持統天皇は天武朝にあって天武天皇の皇后であったから、という理由で即位できたが、歴史書の中で、この女帝を〝始祖〟に仕立て上げれば、それ以降の王朝は、〝天智天皇の娘の王朝〟に化けられる、というカラクリが隠されていたのである。

これはすなわち、一種の無血クーデターであり、『日本書紀』が天武のために書かれたように見せかけて、じつは天智や持統のために書かれていたことを暗示している。そしてもちろん、だからこそ、天智の懐《ふところがたな》刀であった中臣鎌足《なかとみのかまたり》が英雄視されているのであり、すべてを工作したのが藤原不比等だった、というわけである。

●なぜ藤原氏は嫌われたのか

『竹取物語』といえば、知らぬ者はいないだろうし、心温まる昔話という錯覚《さっかく》がどこかにある。

しかし、この九世紀の平安時代に誕生した物語が、実在の人物をモデルにした「風《ふう》刺《し》小説」であったことまでは、知られていない。しかも、藤原氏をこれでもか、というほどけなしているところが斬新《ざんしん》でもある。

物語のあらすじはこうだ。

竹から翁《おきな》に拾われたかぐや姫は、やがて麗《うるわ》しい乙女に成長する。都じゅうの殿方の羨望《せんぼう》の的になり、貴公子たちが結婚の申し込みをしにやってくる。無理難題を押しつけて誘いを断わるかぐや姫。やがて、月の都からお迎えがやってくる。天皇の軍勢がこれを迎え撃ち矢を放つがとてもかなわない。そしてついに、かぐや姫は月に帰っていったとさ……。

こんなところだろうか。

さて、ここに現われる貴公子たちには、それぞれ名がついていて、八世紀に実在した豪族に当てはまる。そしてその中でもっともかぐや姫に嫌われたのが、車持《くらもち》皇子で、この人物こそ、何を隠そう藤原不比等を指していたのだ。

『竹取物語』には、

「車持皇子は心たばかりある人で（車持皇子は、野心家で陰謀好き）」

と、物語ののっけから手厳しい。

車持皇子は、命からがら蓬萊山《ほうらい》にいってきたと嘘《うそ》をつき、雇《やと》った工人につくらせた宝物をかぐや姫に手渡している。ところが、工人たちが、報酬をもらっていないとかぐや姫に泣きついたため、カラクリは露見。恥をかかされたといって、車持皇子は件《くだん》の工人たちを血の出るほど叩《たた》いたのだった。

どう考えても、車持皇子（藤原不比等）は、卑怯《ひきょう》でずるがしこい人物として描かれている。

物語最後の場面で、月の天女たちはかぐや姫に向かって

「いざかぐや姫、穢《きたな》きところにいかでか久しくおはさむ」

と問いかける。ここにいう穢きところとは、藤原の天下そのものを指している。

『竹取物語』の完成は、藤原絶頂期のことだから、「藤原批判」は命がけであったにちがいない。車持皇子という「隠語」を駆使したとしても、権力者の目に止まれば、どんないいがかりをつけられるか分かったものではない。そこまでして藤原氏を批判したのはいったいなぜだろう。

まずその作者と目される紀貫之《きのつらゆき》の紀氏は、蘇我氏と遠い親族で、しかも平安時代台頭し、そして藤原氏の陰謀によって没落させられていた一族であったことが大きな意味をもっていたようだ。

さらに、七世紀以来の手段を選ばない藤原氏のやり方に、多くの豪族が反感をもっていたことが重要で、藤原氏の手でいったいどれほどの人間が葬り去られたのか、数えだせば切りがないほどで、権力者に対する怨念《おんねん》は深かった。

神道祭祀の中心にいた忌部《いんべ》氏は、中臣（藤原）氏においしいところを全部もっていかれたと絶叫《ぜっきょう》し、やはり平安時代、『古語拾遺《こごしゅうい》』を書き残している。

こうしてみてくると、中臣鎌足からはじまった藤原氏は、ほんとうに正義の味方だったのだろうか、と疑問がわく。

●祟りと藤原氏

藤原不比等《ふじわらのふひと》の娘で聖武《しょうむ》天皇の皇后となった光明子《こうみょうし》は、不比等の死後、その邸宅を「滅罪《めつざい》」という名の寺に改造している。ここで癩病《らいびょう》（ハンセン病）患者を風呂に入れたり、貧しい人々に食事を提供したりした。

現在の奈良県奈良市の法華《ほっけ》寺がそれなのだが、それにしても、藤原氏の栄光を一身に背負い、強烈な個性を放った光明子が「滅罪寺」をつくっていたという話は、妙に気になるものだ。この女人は、「藤三娘《とうさんろう》」を自称し、「藤」＝藤原の娘であることにこだわり、また悩んだ人物でもある。

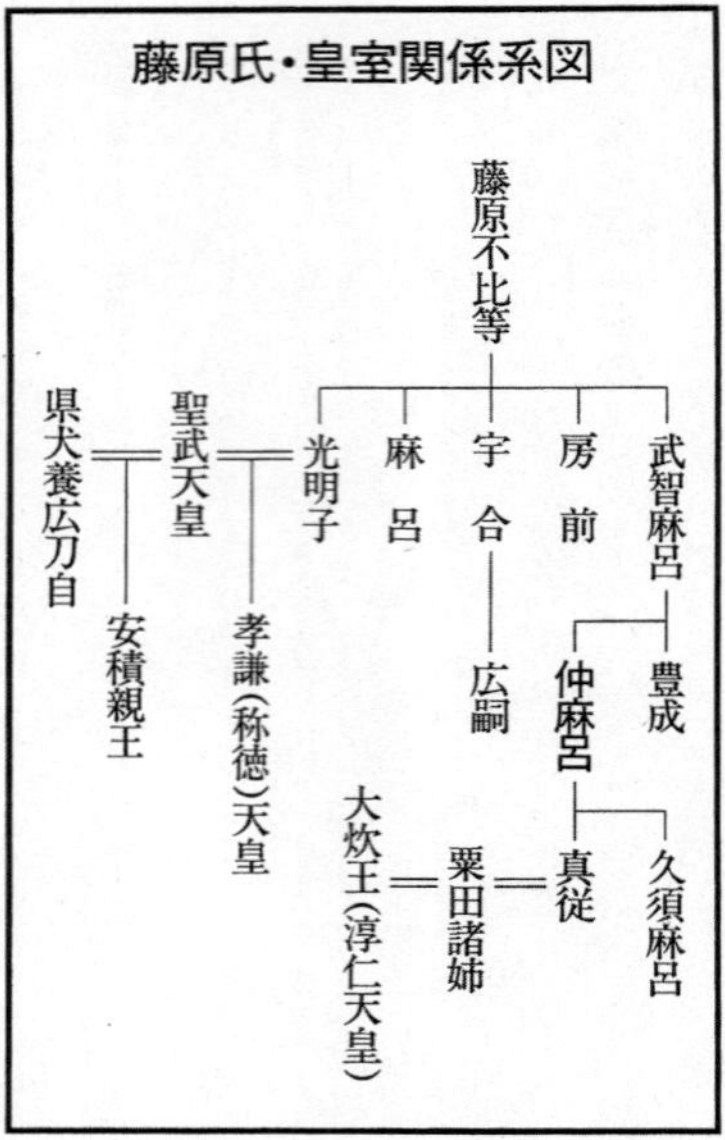

藤原氏・皇室関係系図

どうも、光明子の「滅罪」は、藤原氏の滅罪であった疑いが強い。

藤原不比等の死後、反藤原派の長屋《なが や》親王の台頭に危機感を抱いた不比等の子・房前《ふささき》ら四兄弟は、徹底的に長屋親王をマークし、最後は「左道《さどう》（よくないこと、たいした意味はない）」を学んだ、というほとんどいいがかりとしか思えない理由で一族滅亡に追い込んでいる。

長屋親王の滅亡によって、藤原氏の天下がやってきた。ところが、長屋親王の祟《たた》りが、不吉な兆候《ちょうこう》を見せ始める。

『日本霊異記《りょういき》』には、次のようにある。

長屋親王一族の遺体は焼いて砕き、川や海に捨ててしまったという。ただ、長屋親王の骨だけは土佐（高知県）に送ったのだった。ところが、その地の農民が次々に死んでしまい、長屋親王の祟りに違いない、ということになった。このため、遺骨は紀伊国（和歌山県）に移されたという。

ところが、ほんとうの恐怖はこののちにやってきた。この世の春を謳歌《おうか》していた藤原四兄弟が、天然痘《てんねんとう》にかかり、あっという間に全滅してしまったのだ。長屋親王の死が西暦七二九年、四兄弟の死が西暦七三七年だから、藤原氏は長屋親王の祟りに違いないと恐怖したはずなのだ。光明子が「滅罪寺」を建立した背景がこれで分かる。

藤原氏は、すでに中臣鎌足の代から祟りにおののいていた節があって、やはり中臣鎌足の死の直前に、邸宅に雷が落ちていたと、正史『日本書紀』は伝えている。梅原猛《たけし》氏が、法隆寺に怨霊《おんりょう》封じ込めのカラクリが隠されていると考えたのも、このような歴史背景があってのことだ。

聖徳太子等身仏《とうしんぶつ》の救世観音《ぐぜかんのん》の後頭部に直接光背《こうはい》が打ちつけられていたり、この仏像が、何百年にわたって秘仏とされ、五〇〇フィートの布で、まるでミイラのようにぐるぐる巻きにされていた。さらに、法隆寺最大の祭り・聖霊会《しょうりょうえ》で、聖徳太子の怒りを鎮めるかのような儀式が行なわれているのは、聖徳太子の怨念《おんねん》を封じ込めるためだった、とする。

しかも、だれがこのような手の込んだことをしたかというと、それは蘇我入鹿《そがのいるか》をそそのかして聖者一族を滅亡に追い込んだ主犯、中臣鎌足の末裔・藤原氏だった、と推理した。

さてさて、日本史の英雄と信じられてきた中臣鎌足や、その末裔《まつえい》たちの正体が、ようやく明らかになってこようとしている。

天皇家以前のヤマトの王・ニギハヤヒ

●天皇家以前のヤマトの大王

歴史の常識には落とし穴がある。

とくにこれまでの学説は、正史『日本書紀』を重視し、朝廷の示した正式見解がもっとも史実に近い、という立場をとりつづけてきたものだ。これは、現代でいうならば、さしずめ政府の正式見解はすべて正しいといっているようなもので、歴史の敗者の言い分は無視されつづけてきたといっていい。極端な言い方を許されれば、『日本書紀』は歴史の勝者・藤原不比等《ふじわらのふひと》の「小説」だったわけで、われわれは

「神武天皇御東征」(野田九甫筆)　神宮徴古館蔵

千数百年にわたって、弁護人のいない裁判をやってきたようなものだ。

ヤマトと天皇の成り立ちにも、見落とされてきた史実というものがごろごろと転がっている。たとえばそれは、「天皇家以前」のヤマトのことである。

『日本書紀』や『古事記』によれば、日本の初代天皇は、神武《じんむ》天皇だったとしている。この人物は、はじめ九州の日向《ひゅうが》(現在の宮崎県と鹿児島県の一部)にいて、東の方角に都にふさわしい土地のあることを知り、移り住んだとしている。いうまでもなく、それがヤマトだったわけだ。いわゆる神武東征がこれだ。

さて、ヤマト土着のナガスネヒコ(長髄彦)の抵抗を受け、やむなく紀伊半島を迂《う》回《かい》し、熊野からのヤマト入りを余儀なくされた神武の一行は、ようやくの思いで王朝を開くことができた。

そして、このことは古代史によほど詳しい人しか知らないことなのだが、天皇家以前、すでにヤマトには「王」が君臨していたことを、『日本書紀』『古事記』どちらも認めているのだ。

その名をニギハヤヒ（饒速日命）、古代最大の豪族・物部氏の始祖がこれだ。

『日本書紀』には次のようにある。

神武天皇がまだ日向にいたときのこと、

「東に美しい国があって、その中に天《あま》の磐船《いわふね》に乗って飛び下りたものがすでにいる。その名はニギハヤヒというらしい。私もかの地にいって都をつくってみたい」

こういって神武天皇は東征に向かったという。また、ヤマトのナガスネヒコは、こういっている。

「むかし、天津神《あまつかみ》の子がいて、天の磐船に乗って天から下りてまいりました。名はニギハヤヒともうします。私の妹を娶《めと》り、子が産まれました。私はニギハヤヒを君主として仰いできたのです」

天皇家の正統性を描くために書かれた『日本書紀』の中で、天皇が初めからヤマトにいたのではなく、九州から移ってきたと記され、しかもヤマトには、天皇家以前、すでに王家が存在した、と記していることは、とても重要な意味をもってくる。もしかりに「神武東征」や、神武天皇の存在それ自体が「神話」の域を脱しておらず、架空の話としても、だからこそ、なぜそういう「あらすじ」にしなければならなかったのか、深い謎を残したとはいえないだろうか。

●考古学が証明するヤマトの成り立ち

谷川健一氏は『白鳥伝説』（集英社）の中で、九州北部の遠賀《おんが》川流域に物部《もののべ》氏の密集地帯があるところから、神武東征の直前、まず物部氏が天孫族の先発隊としてヤマトに向かい、それを追って天皇家がヤマト入りしたと推理したが、話はそう単純ではなさそうなのだ。

普通に考えれば、三世紀から四世紀ごろの、いわゆるこれまで弥生《やよい》時代後期から古墳時代といわれてきたころの日本の様子など、ほとんど分からないのではないかと思いがちだ。しかしあにはからんや、近年考古学の進展によって、ヤマト建国の様相がかなり克明《こくめい》につかめるようになってきた。

ヤマトに一定の法則をもった前方後円墳が三世紀半ばに出現していたことが分か

ってきて、しかも、このの ち瞬《またた》く間《ま》に東北南部まで、この埋葬文化が伝播《でんぱ》していったことから、このとき、ヤマト朝廷が誕生した疑いが強くなってきたのだ。しかも、どういう案配《あんばい》に朝廷が誕生していったのか、かなり正確につかめるようになってきている。

ヤマトは、とても奇妙なできかたをしていたものだ。

たとえば、前方後円墳は、四つの地域の埋葬文化が合体して完成したものだった。それは、ヤマト・吉備《きび》・出雲《いずも》・北部九州の四つだ。ヤマトの方形周溝墓《ほうけいしゅうこうぼ》の溝が前方後円墳の堀となり、吉備の特殊器台形土器《とくしゅきだいがた》、出雲の四隅突出型墳丘墓《よすみとっしゅつがたふんきゅうぼ》の四方の四角い出っ張りが前方後円墳の前方部に、そして、北部九州の豪華な副葬品が畿内《きない》の埋葬文化に取り入れられた、というわけだ。ちなみに、この四つの要素が揃った前方後円墳を、定型化した前方後円墳と呼んでいる。

それにしても、なぜ各地の埋葬文化をごちゃ混ぜにする形で前方後円墳が成立発展したというのだろう。

そこで大切なことは、定型化した前方後円墳完成の直前、三輪《みわ》山（奈良県桜井市）の麓に、巨大な人工都市（纏向《まきむく》遺跡）が出現していたことで、しかも、この遺跡には、出雲・吉備・東海・北陸からたくさんの土器が集まっていた、ということ

纏向遺跡　纏向石塚古墳をはじめ、纏向古墳群や箸墓古墳がある

なのだ。

これらのことから、ヤマト朝廷の黎明《れいめい》期が、多くの地方の集合体であった可能性すらでてきたのだ。さらに付け加えるならば、纏向遺跡から北部九州の土器が発見されず（あってもわずか）、したがって、最初、西日本の東側と東日本（当時の東日本は、関ヶ原から東側）の西側の地域がまず固まって、最後に北部九州の勢力が合流した、ということも分かってきたのだ。

つまり、これだけはいえるだろう。三世紀半ばに成立したヤマト朝廷は、一つの強大な権力が出現し、力づくで王権を樹立したわけではなかった、ということになる。各地に散在したであろう首長層の総意によってヤマト朝廷は誕生した、ということになる。

このことは、日本の大王家（天皇）が独裁王になれなかったことからもいえるし、邪馬台国論争で引き合いに出される『魏志《ぎし》』倭人伝《わじんでん》に、卑弥呼《ひみこ》が「共立」されたと書かれていることからも窺《うかが》い知ることができる。

驚くべきことに、日本の「合議制」は、すでに邪馬台国の時代から採用されていたものなのだ。

●神武東征とはいったいなんだったのか

そこであらためて、ニギハヤヒという謎に迫ってみよう。

『日本書紀』に従えば、神武天皇が東征しヤマトに入ったとき、抵抗したのはナガスネヒコだったという。いっぽう、ニギハヤヒの息子・ウマシマチは、ナガスネヒコを殺し、神武天皇に王権を禅譲《ぜんじょう》している。ついでまでにいっておくと、ウマシマチの母はナガスネヒコの妹、ということになる。

問題はここからだ。

ヤマトを平定した神武天皇は、お妃《きさき》を決める。選ばれたのは、なんとも不思議なことなのだが、神話の世界から飛び出した女人だった。出雲神・事代主神《ことしろぬしのかみ》の娘だったのだ。

このののち二代・三代と、やはり事代主神の血縁から女人を選んでいたと『日本書紀』は主張する。

この奇妙な「人選」について、通説はさしたる関心を示さない。神武天皇の東征は、今から二千年以上も前のこととなり、史実とは認められないという観点から、訳の分からぬ「嫁取り」は、「神話」にすぎない、という発想なのだ。

ところが、もっと奇妙なことが『日本書紀』の中で起きている。というのも、このヤマト朝廷黎明《れいめい》期の妃《きさき》は、ほんとうは事代主神の娘たちではなく、磯城県主《しきのあがたぬし》の女人たちだったのかもしれないと異伝を残し、『日本書紀』がとぼけているからなのだ。

これはいったい何を意味しているのだろう。

天皇家の正統性を述べるために「創作」された神話なら、もっと明確なストーリーを用意すればよかったのに、なぜあいまいな記述に終始したのだろう。

だいたい、磯城県主とは何者なのか、『日本書紀』の記述からははっきりしていない。ヤマト土着の豪族であったことはたしかにしても、何一つ手柄らしきものをあげていない。あえて指摘するならば、磯城県主の祖・弟磯城《おとしき》の兄・兄磯城《えしき》が神武天皇のヤマト入りに最後まで抵抗したのに対し、弟磯城はすんなり恭順《きょうじゅん》したことぐらいだろうか。

ところで、『日本書紀』以外の文献をひもとくと、次のような記述が目にはいる。『新撰姓氏録《しんせんしようじろく》』や物部《もののべ》系の伝承『先代旧事本紀《せんだいくじほんぎ》』には、件《くだん》の磯城県主はニギハヤヒの末裔《まつえい》で、要するに物部同族だったと記されているのだ。なぜこの大切な事実を『日本書紀』は秘匿《ひとく》してしまったのだろう。

『新撰姓氏録』や『先代旧事本紀』のほうが間違っている？　そうだろうか。よくよく考えてみれば、ナガスネヒコはニギハヤヒの「義理の兄」であり、ニギハヤヒが神武天皇の受け入れに積極的で、ナガスネヒコが批判的であったとすれば、両者の態度は兄磯城・弟磯城の行動とまったく重なってきてしまう。要するに兄磯城・弟磯城の「神話」は、ニギハヤヒとナガスネヒコの身内の分裂という「史実」をおとぎ話にしたものと了解できる。

とするならば、『日本書紀』は初代天皇家に皇后を輩出する豪族が、ニギハヤヒの末裔の物部氏であったことを、あいまいな記述を利用して、抹殺《まっさつ》したかったのではないかと思えてくるではないか。

三輪山　山麓の纏向に巨大な人工都市が出現した

●誰がヤマトをつくったのか

ここで、ニギハヤヒと神武天皇の行動をもういちど振り返ってみよう。

『日本書紀』は、神武東遷《とうせん》以前、すでにニギハヤヒはいずこからともなくヤマトに舞い下りていた、という。そして神武天皇は、ヤマトに都をつくろうと、九州から東に向かったのだった。この話、考古学と重ねてみると一つの推理が動き出す。

ヤマト朝廷誕生の直前、三輪山の麓・纏《まき》向《むく》に巨大な人工都市が出現していた。この地に各地からたくさんの土器が集まって新たな潮流がはじまっていた。そして、こののち、九州から最後の埋葬《まいそう》文化が集まって、ヤマト朝廷が誕生したのだった。

問題は、磯城県主の「磯城」というものが、三輪山麓の一帯を意味していることで、要するに纏向遺跡のあたりを指している、ということなのだ。とすれば、最初ニギハヤヒがヤマトに舞い下り、纏向を開発し、その後を追うようにして、神武天皇が九州からやってきた、と解釈できる。そして、やはり考古学は、はじめ纏向に集まったのは、吉備《きび》・出雲《いずも》・東海・北陸であって、九州の影響は限りなく小さかった、としている。

ということは、ニギハヤヒが、吉備・出雲・東海・北陸のどこかからやってきた疑いがでてくる。そして、神武天皇の后《きさき》が出雲神の娘から選ばれたという記述を見る限り、ニギハヤヒが出雲からやってきた可能性が高い、ということになる。

この推理を裏づけるかのような記述が『日本書紀』にはある。

出雲の国譲りといえば、天皇家の祖・天孫族が強制的に出雲神たちを出雲から立ち退かせた神話として知られるが、その直前、出雲を代表する大物主神《おおものぬしのかみ》が、ヤマトに移りたい、といっている。そして、このため大物主神はヤマト最大の聖地・三輪山で祀《まつ》られることになるのだが、ヤマトに移った大物主神は、どうやらヤマトを「造成」したらしい。

第十代崇神《すじん》天皇の時代、神酒《みき》を三輪の神・大物主神に献上したときの歌として、次のようなものがある。

此《こ》の神酒《みき》は　我《わ》が神酒《みき》ならず　倭成《やまとな》す　大物主《おおものぬし》の　醸《か》みし神酒《みき》　幾久《いくひさ》　幾久《いくひさ》

〔現代訳〕比の神酒は私の神酒ではない。倭《やまと》の国を造成された大物主神がお作りになった神酒である。幾世までも久しく栄えよ栄えよ。（日本古典文学大系『日本書紀』岩波書店）

ここで大物主神は、出雲ではなくヤマトを造成した神と歌われている。したがって、この一首の意味するところは大きい。出雲神大物主神と謎の大王ニギハヤヒの姿は、重なってきてしまうではないか。

実際、神社伝承から古代史を再構築した原田常治氏は、出雲神大物主神とニギハヤヒは異名同体だったとしている。さらに付け加えるならば、ニギハヤヒの諡号《しごう》（死後贈られる名）が、天照国照彦天火明櫛玉饒速日尊《あまてるくにてるひこあまのほあかりくしだまにぎはやひのみこと》であって、その名の中に太陽神を表わす「天照」の二文字があって、ヤマトのほんとうの太陽神であった疑いさえ出てくるのだ。このことについては、のちに再び触れてみよう。

独裁権力と戦った葛城氏

●葛城氏の受難

葛城《かつらぎ》氏といっても、何者？　という疑問しか浮かばないだろう。歴史の教科書に出てくるはずもない。

『古事記』に従えば、葛城氏は蘇我《そが》氏と同族で、武内宿禰《たけのうちのすくね》の末裔《まつえい》ということになる。武内宿禰も知らない？　まあ当然でしょう。

この人物は、三百歳の長寿を保ったという伝説上の人物（もちろんモデルとなった人はいた。私見はこれを出雲神事代主神《ことしろぬしのかみ》と同一と考えているのだが、なぜそうなのかを語り出すと本が二〜三冊かけそうなので、ここではやめておこう）で、天皇家の忠臣として仕えたと『日本書紀』は記録している。

この武内宿禰の何代目かの末裔に、葛城氏の円大臣《つぶらのおおおみ》という人物がいた。五世紀後半、葛城氏は多くの女人を入内《じゅだい》（要するに天皇のお妃《きさき》を送り込んでいたわけだ）

させていて、最大の豪族だった。ところが、円大臣の代で、この一族は没落する。とんだ災難に出くわしたのだった。

この事件がこの後の歴史に重大な影を落としていくので、少し詳しくみておきたい。まずは独裁王とヤマト朝廷の合議制のことから話を進めよう。

前方後円墳の巨大さをみれば、ヤマトの大王の強大な権力を想像してしまう。しかし、前方後円墳の成り立ちから察するに、どうにもこの王権は独裁権力をもっていなかったのではないかと思えてくる。ヤマト朝廷は、合議制を尊重するシステムを取っていたに違いないのだ。

ヤマト朝廷の天皇が権力をもたず、多くの首長層のシンボル的存在だったことは、この王権が有史以来、防衛本能の欠如したかのような宮に住みつづけたことからもうかがえる。

中国の都にならってつくられたという平城京にしても、中国にあるような城壁を築いたわけではなかった。天皇が立派な城郭に住めるようになったのは、明治維新ののちのこととなる。もっとも、東京湾から簡単に砲弾が届いてしまう江戸城は、近代戦ではまったく意味を失っていたのだが……。

ところが、このような図式に、変化が起きている。それが五世紀の第二十一代雄《ゆう》略《りゃく》天皇の時代のことだった。

五世紀という時代は、ヤマト朝廷が積極的に朝鮮半島に軍事介入する時代でもあった。

おそらく、三世紀後半に誕生したヤマト朝廷の勢いが、四世紀に東国にまで浸透し、順調に発展していったのだろう。東国の兵力を借りて、次々に軍団を朝鮮半島に送り込むことができるようになったのだ。

そして、このヤマト朝廷の活躍が、しだいに東アジアで認められていったことで、歴史は思わぬ方向へ進む。大王家（天皇家）が増長してしまい「緩《ゆる》やかな合議制」を突き崩し、独裁王を目指したようなのだ。そして、血の粛清が行なわれ、その被害者が葛城氏だった、ということになる。

葛城氏宗家の円大臣は、雄略天皇の差し向けた兵に館《やかた》を囲まれ、滅亡する。そのいきさつは雄略天皇の項で詳しく再現するが、要するに、独裁権力を望んだ雄略天皇暴走の野望の犠牲者になったのだ。

この事件が、意外な因縁《いんねん》をつくっていくことになろうとは、当時だれも想像していなかったにちがいない。葛城氏はヤマト朝廷の蘇我系の雄族から地に落ち、「鬼」のレッテルを貼られ、「地下」に潜《もぐ》っていくのだ。もともと「葛城山」は土着民土《つち》蜘蛛《ぐも》の盤踞《ばんきょ》する土地であったが、ここから先、反骨の山となり、朝廷を悩ましていくことになる。

●葛城氏と葛城山

葛城《かつらぎ》氏の本拠地・葛城山といえば、役行者《えんのぎょうじゃ》で世に名高いが、それよりもまずここで確認しておかなくてはならないのは、葛城山が「出雲《いずも》」と強い因果で結ばれていたことなのだ。

出雲国造《くにのみやつこ》が新任されると、新国造は都に出向き、天皇家に忠誠の言葉を奏上する。それが「出雲の国の造の神賀詞《かむよごと》」で、この中で、出雲を代表する四柱の神々が、ヤマトの四つの神奈備《かんなび》（神の宿る神聖な場所）にそれぞれが移り、天皇家の守り神になる、と宣言する。

出雲国造に限って、なぜこのような行事を強制されたのかはよく分かっていない。

それよりも問題なのは、蘇我《そが》系葛城氏の山に、どういう理由で出雲神が鎮座したのか、ということだ。

蘇我氏といえば、六世紀末、物部守屋《もののべのもりや》との間に仏教導入をめぐり死闘を演じていた。このため、蘇我氏と物部氏は犬猿《けんえん》の仲にあったというのが世の相場となっている。もし私見どおり、物部氏が出雲系だとしたら、どういう理由で、蘇我系の葛城氏の山に、出雲神が祀られたというのであろうか。

ついでまでにいっておくと、飛鳥《あすか》周辺に基盤をもっていた蘇我氏は七世紀、葛城山が本貫《ほんがん》の地だったと主張し、この地に祖廟《そびょう》をつくり、さらに、中国では皇帝だけにしか許されていない「八佾《やつら》の舞（方形に並ぶ群集舞）」をここで行なっている。蘇我氏が「葛城山」にこだわっていたことはたしかだ。

さて、まずここで誤解を解いておかなくてはならないのは次の一点だ。学校で蘇我氏と物部氏の仲が悪かったと教わったからといって、それがほんとうに正しいかというと、かなり怪しい、ということだ。物部氏の伝承『先代旧事本紀《せんだいくじほんぎ》』は、物部守屋を一族の主流派ではないと素《そ》っ気《け》なく突き放し、蘇我氏と物部氏の闘争をまったく記録していない。

これが歴史の勝者ではない被害者側の証言だけに、重要な意味をもってくる。蘇我氏は歴史の敗者であり、大悪人のレッテルを貼られた一族だから、もしほんとうに物部氏が蘇我氏に「いじめられた」とすれば、物部氏は大声を張り上げて物部守屋の一件を非難していたはずではないか。それをせず、事件のあったことすら書き

石舞台古墳　蘇我馬子の墓とする解釈もあるが、確証はない

留めないとなると、『日本書紀』のほうが、何かでたらめを書いたのではないかと察しがつく。

そして、『先代旧事本紀』の奇怪なところは、蘇我馬子《うまこ》の妻が物部系であったことや、蘇我入鹿《いるか》の体の中に物部氏の血が入っていることを誇らしげに書き記していることなのだ。

どう考えても変だ。なぜ物部氏は蘇我氏をこき下ろさなかったのだろう。それどころか、どこか蘇我氏に好意的なのはなぜだろう。

じつをいうと、蘇我氏や葛城氏は、どうも出雲系だった節がある。

出雲大社の裏の素戔嗚尊《すさのおのみこと》を祀る神社の名が「素鵞《そが》社」であったことは、いったい何を意味するのだろう。さらに、『古事記』は蘇我氏の祖が物部氏の女系から生まれていたと指示している。また、蘇我氏の七世紀の特権の一つに、「方墳《ほうふん》」というものがあった。蘇我馬子の墓ではないかという飛鳥の石舞台《いしぶたい》古墳の土台が四角形なのがこれだ。そして、蘇我氏ともうひとつ、日本で唯一方墳をつくれたのが、出雲国造《くにのみやつこ》だった。このように、蘇我氏が出雲と強くつながっていたのは、蘇我氏が出雲＝物部と同族だったからだろう。だからこそ、物部系の伝承は蘇我氏を「自慢」し、『日本書紀』はこのあたりの事情を封印《ふういん》してしまったと考えられる。

どうやら葛城山には、抹殺《まっさつ》された古代史が眠っているらしい。

●なぜ蘇我系豪族が独裁権力と対決したのか

葛城《かつらぎ》山系の最北端が、有名な大津《おおつ》皇子の眠る二上《ふたかみ》山である。そして大和《やまと》川を挟《はさ》んでさらに北側に目をやると、生駒《いこま》山がそびえる。

生駒山の東側の山麓（もっと丁寧《ていねい》にいうと、法隆寺の北西側ということになる）の一帯に、六世紀、勢力を張っていたのが蘇我系平群《へぐり》氏だった。

生駒山といえば、神武《じんむ》東征のとき、ここにナガスネヒコが陣取り、神武のヤマト入りを一度は阻止《そし》したものだ。西側の山麓には物部氏の拠点があるから、生駒山も葛城山も、どちらも物部系や蘇我系といった「出雲」の山であったことが分かる。このヤマトの防衛上もっとも大切な山並みに、天皇家が手を触れられずにいたことからも、天皇家の「弱さ」というものがはっきりする。

それはともかく、葛城氏の没落後、頭角を現わした蘇我系豪族が平群氏だった。とくに、第二十五代武烈《ぶれつ》天皇の即位する直前、平群真鳥《まとり》が専横を極めていたと『日本書紀』は記す。

だんだん分かってきたとは思うが、『日本書紀』の中で悪人と書かれている人物たちは、たいがいの場合、天皇家と仲が悪かった、というものたちで、どちらに非があったのかについては、冷静に判断する必要がある。

さて、大臣《おおおみ》平群真鳥は武烈のために宮をつくるといったが、でき上がってみると武烈を寄せつけず、自らの住まいにしてしまったという。臣下のわきまえを失い、日本の王になろうとしているのだと、『日本書紀』は指摘している。両者は一触即発の緊張状態に入っていく。

事件が起きたのは、一人の女人の取り合いがきっかけだった。

武烈は物部氏の影媛《かげひめ》を娶《めと》ろうとしたが、すでに平群真鳥の子・鮪《しび》に先を越されていたのだ。激怒する武烈《ぶれつ》。

兵を挙げた武烈は平群真鳥の館《やかた》を囲み、一族を滅亡に追い込む。影媛はこれを聞いて嘆き悲しんだといい、結局武烈はこの女人を手に入れることができなかったから、武烈の独り相撲だった疑いがでてくる。

だいたい、この武烈という人、すこぶる評判が悪い。その実体についてはのちにもう一度触れるが、相当残虐《ざんぎゃく》なことを平気でした。酒池肉林《しゅちにくりん》も繰り広げている。

平群氏が反発したのは、当然だったかもしれない。

問題は、葛城氏といい平群氏といい、蘇我系の豪族というものが、五世紀以来ことごとく独裁志向の天皇家といさかいを起こしていた、ということで、七世紀にいたって蘇我入鹿が出現した背景は、かなり根の深い歴史に裏づけされていた、という感触がある。

なぜそうなったのかについては、またのちほど考えてみよう。

●鬼と葛城山

蘇我入鹿《そがのいるか》の怨霊《おんりょう》が笠をかぶって葛城《かつらぎ》山から生駒《いこま》山に飛んだのは、ここが蘇我系豪族のシンボルの山だったからだろう。この一族は、蘇我入鹿暗殺後もなんとか命脈を保ち、けっきょく八世紀に没落するのだが、その前後から葛城山の周辺で、奇妙な動きがはじまる。「鬼」が出没しだしたのだ。

「鬼」といえば、角《つの》を生やした青鬼・赤鬼を思い浮かべるが、ここにいう鬼とは、そういう類のものではない。「実在した鬼」のことだ。

「鬼はほんとうにいたのか？」と目を白黒されても困る。古代の鬼とは、要するに最下層の人々であり、朝廷に背を向けたアウトサイダーたちのことだ。

きっかけは、出雲系の賀茂《かも》氏と接点をもつ役行者《えんのぎょうじゃ》（役小角《えんのおづぬ》）が葛城山で修験道《しゅげんどう》を創始したことだろうか。役行者は謎の多い人物だが、実在の人物だったと正史は伝えている。一説に、大海人皇子《おおあまのみこ》（天武《てんむ》天皇）が壬申《じんしん》の乱《らん》の直前近江《おうみ》から吉野に逃れ逼塞《ひっそく》しているところを助けたともいわれている。憶測《おくそく》にすぎないが、天武朝では重用されたのではなかったか。

役小角　修験道の開祖　櫻本坊蔵

ところが、天武天皇の皇后・

鸕野《うの》皇女が即位して持統《じとう》天皇となると、朝廷からにらまれ、挙《あ》げ句《く》の果てに伊豆《いず》に流される。しかし、こんなことでくじける役行者ではなかった。この男は伊豆から夜な夜な空を飛びまわり、富士山にいったりしたという。東京の私鉄・京王線の終点・高尾山も、このとき役行者がぶらっと立ち寄ったところなのだ。あまり知られていないが、登山道の脇に、今でも役行者を祀《まつ》る小さな祠《ほこら》がある。細かくいうと、あの、煩悩《ぼんのう》を消し去るという百八段の階段の手前だ。

ここだけの話だけど、高尾山にいったら、本堂を拝むよりも、この何気ない祠に手を合わせたほうが御利益があると一部の人々には信じられている。お試しあれ。

さて、ここで少し修験道の話をしよう。

役行者のはじめた修験道というものは、道教《どうきょう》や仏教・神道と、ありとあらゆる宗教をごちゃ混ぜにした宗教であって、とても日本的とはいえないと考えられてきたものだ。しかし、実際には、修験道こそが、もっとも日本的な宗教観を今日に伝えたといっても過言ではない。

「それは神道ではないのか?」

という疑問が浮かぶだろう。そうではないのだ。神道は、八世紀の『日本書紀』の編纂《へんさん》のころ、それまでのほんとうの神道を潰《つぶ》し、新たに生まれ変わった代物だったのだ。いわゆる中臣神道がこれで、物部《もののべ》氏や蘇我《そが》氏というヤマト朝廷の中心にあった旧豪族層が衰弱し、藤原（中臣）氏の一人天下となった時点で、旧来の神道の本質は塗り替えられてしまったのだ。

葛城山が反骨の山となって修験道という新たな宗教観を提示したのはこのためで、こののち「葛城山」は、朝廷の根幹を揺るがす存在となっていった。その様子については、のちに道鏡《どうきょう》のところで触れてみようと思う。

つまり、蘇我系葛城氏からはじまった「葛城山」と天皇の確執《かくしつ》は、思わぬ副産物を産み出したということになろうか。

日本的な改革事業を目指した聖徳太子

●聖者聖徳太子の登場

世の中、よく知っていると思い込んでいたことが、実際には何も分かっていないで、意外な盲点だったりする。聖徳太子といえば知らぬ者もいないほど有名な人物だが、その実体は、となると、ほとんど実像がつかめていない。とにかく聖徳太子には謎が多い。調べるにつれて、だんだん訳が分からなくなってくる、そういう人物なのだ。

だいたい、聖徳太子という名からして、「仮決定」にほかならない。『日本書紀』に聖徳太子と出てくるわけではなく、後世こう呼ばれたから仕方なく言い習わしているものなのだ。

では、『日本書紀』には太子の名がどう書いてあるかというと、

廐戸《うまやど》皇子・豊聡耳《とよとみみ》聖徳・豊聡耳法大王《のりのおおきみ》・法主王《のりのうしのおおきみ》・廐戸豊聡耳皇子・皇太子・上宮廐戸《かみつみやうまやど》豊聡耳太子・（大門）・廐戸豊聡耳皇子命・上宮太子・上宮豊聡耳皇子

ということになる。聖徳太子とは、どこにも書いていない。それどころか、どれが本名なのか、さっぱり分からない。

それに、生まれ方が奇妙だ。

これは有名な話だが、聖徳太子の母は、宮中の馬屋の戸にあたって苦もなく聖徳太子を出産したという。これがキリストの生誕説話にそっくりなのは、すでにこの

ころキリスト教が中国に伝わっていて（景教《けいきょう》）、その話を『日本書紀』の編者がちゃっかり「パクっていた」からなのだ。

生まれ落ちたときから言葉を話し、聖《ひじり》の知恵をもっていたという「神童《しんどう》」聖徳太子が、一度に十人の訴えを聞き漏らさなかったという話も『日本書紀』に記録されている。

死んだときもものすごい。

王族、群臣、天下の民は嘆き悲しみ、老いたものは愛《いと》しい子を失ったように、幼子は父や母を亡くしたかのように泣きつづけ、農民は鍬《くわ》を止め、稲つく女は手を休め、泣き叫ぶ声は巷にあふれたという。

人々は口を揃えて
「太陽も月も輝きを失い、天と地が崩れ去ってしまったかのようだ。これからあとは、いったいだれを頼みにすればいいのだろう」

と語り合ったのだという。これほど死を悼《いた》まれたと記録された例は他になく、どのような天皇よりも扱いが重いのは、気味が悪いほどだ。

気味の悪い話といえば、日本の歴史で、在俗《ざいぞく》の政治家でありながら神格化されたものは、ほぼ例外なく、生前何かしらの恨みをもって死んでいったもの、という原則がある。つまり、祟《たた》って出た政治家を聖者にして祀《まつ》るというのが常識なのだ。とすれば、聖徳太子礼賛《らいさん》には、何か裏を感じずにいられないのだ。

●太子の目指した理想像

聖徳太子は深い謎のベールに覆《おお》われている。しかしだからといって、この人物が実在しなかったのかというと、そんなことはないだろう。

明治維新という時代の転換期を大胆に生き抜いた坂本龍馬《りょうま》に匹敵《ひってき》するほどの古代の英雄が、たしかに存在したはずなのだ。そうでなければ、七世紀の日本の繁栄は想定できない。

六世紀の日本は、外交戦略の失敗、政治システムの老朽化によって、大きく国力を落としていた。ヤマト朝廷の混乱は、ついに王家の断絶（第二十五代武烈《ぶれつ》天皇でいったん血統は絶えている）というシンボリックな事件を経て、北陸から第十五代応神《おうじん》天皇五世の孫という田舎貴族が無理矢理連れてこられて即位させられていたのだった。これが継体《けいたい》天皇で、蘇我氏の勃興も、ほぼこのころのことだった。

以後、しばらく混乱はつづいたようで、『日本書紀』は、継体天皇の二人の皇子が同時に死んだという不可解な記事を載せている。『百済本記《くだらほんき》』の記事からの引用

蘇我馬子創建の飛鳥寺　飛鳥時代の仏教の拠点として繁栄した

で、それ以上のことは書いていないから、このとき何が起きたのかは定かではない。

　こういう状態だから、財政ももちろん逼《ひっ》迫《ぱく》したことであろう。今日の日本を彷彿《ほうふつ》とさせる、あるいはそれ以上の危機が、訪れていた疑いが強い。

　しかし、聖徳太子の出現後、まるで、それまでの混乱が嘘《うそ》であったかのような、輝かしい時代をむかえたのだった。

　いったい、聖徳太子はどうやって日本を立て直したのだろう。

　教科書的にいえば、冠位《かんい》十二階・十七条憲法の制定、隋《ずい》との国交樹立、仏典の注釈書・三経義疏《さんぎょうぎしょ》を記した、というところだろうか。

　また、仏教の導入に励み、法隆寺・四天《してん》

王《のう》寺・法興寺《ほうこうじ》（飛鳥寺《あすかでら》）の建立が知られる。

だが、これらの業績を並べられても、ほかの政治家とどこが違うのかはまったく分からないだろう。

はっきりしているのは、冠位十二階によって、朝廷の役人に明確な階級システムを導入したことで、それまで一部の中央豪族に独占されていた要職に、他の豪族でもつけるチャンスができたことだ。人事の硬直化を是正し、有能な人材を発掘できるようになったということになる。

遣隋使《けんずいし》の小野妹子《おののいもこ》がいい例で、この人物が聖徳太子の右腕になりながら、『日本書紀』が好意的な書き方をしていないこと、また、小野妹子の子らもかなり朝廷で活躍したのに、歴史書から無視されているのは、勘ぐれば、出世頭に対するやっかみが入っていたのかもしれない。

ところで聖徳太子は、この隋との国交樹立に際し、

「日出づる処《ところ》の天子、書を日没する処《ところ》の天子に致《いた》す。つつがなきや云々《うんぬん》」

という内容の国書を隋の煬帝《ようだい》に送りつけたことで知られる。一見して侮辱《ぶじょく》的な内容で、事実煬帝は尊大な内容に大いに腹を立てたという。

聖徳太子は、なぜこのような国書をしたためたのだろう。それは、聖徳太子の卓

越した国際感覚がなさせたものだろう。煬帝は深く仏教に帰依《きえ》していたから、そこを突いたに違いないのだ。

「太陽や月は、不公平に照らすということがない。神の井戸（温泉）は地から湧き出て分け隔てなく与える」

という聖徳太子の言葉がある。

もし、これが本人の口から出てきたとすれば、恐るべき先進性であり、画期的な平等主義がそこにはある。同様の言葉を小野妹子が煬帝に投げかけたとすれば、仏法のもとでは隋もヤマトも同じではないか、という聖徳太子の思いが伝わったとも考えられるのだ。

隋の煬帝はいったんは立腹しながら、ヤマトに使者を送る決心をする。推測するに、それは「日出づる処の天子」という大胆な発想を見せた聖徳太子という人物に関心をもったからでもあったろう。しかし、ここで奇妙な事実に気づかされる。聖徳太子の輝かしい外交手腕を示すこの国書の内容が、隋の資料の中に残るのみで、『日本書紀』がまったく無視していることなのだ。

どうしてこういうことになるのだろう。

聖徳太子の活躍が、しゃくに障《さわ》った、という見方もできる。

これはどういうことかというと、聖徳太子は古代の行政改革者であり、改革には切り捨てられる者がでるのが世の常で、したがって、既得権益をもった何者かが聖徳太子を恨んでいて、八世紀、『日本書紀』の編纂にからんでいたのではないか、という疑いだ。

前に少し触れたが、通説は、聖徳太子の改革事業を潰《つぶ》しにかかったのは、蘇我《そが》氏だった、としている。というのも、これも何度もいうように、聖徳太子の末裔《まつえい》を滅ぼしたのは、蘇我氏のエゴであったから、ということになる。

しかし、どうにもおかしい。

聖徳太子の遺志を引き継いだ事業（大化改新《たいかのかいしん》）は、孝徳《こうとく》天皇の時代に行なわれている。ところが、山背大兄王《やましろのおおえのおう》襲撃の軍勢の中に、のちの孝徳天皇が混じっていたという話があって、とすれば、孝徳天皇は蘇我派の人物だった可能性がでてくる。しかも蘇我入鹿《いるか》を抹殺《まっさつ》した中大兄皇子は、孝徳天皇の難波《なにわ》から離れて住んでいて、孝徳朝と対立していたのだから、ほんとうに蘇我氏が聖徳太子の遺業を潰してしまったのかどうか、断言できなくなってくる。

どうにも辻褄《つじつま》が合わなくなってきた。

謎に拍車をかけるのは、平安時代に聖徳太子の伝説を集めて成立した『上宮聖《じょうぐうしょう》徳法王帝説《とくほうおうていせつ》』という文書で、その中に、次のような一節がある。

それによると、

「人々は聖徳太子と山背大兄王が親子ではなかったのではないかと噂《うわさ》しあっているが、それはよくないことだ」

という。

何が問題か、分かるだろうか。

まず第一に、信じて疑われるはずのない聖徳太子と山背大兄王の親子の関係を、平安時代、多くの人が疑っていた、ということ。そして『上宮聖徳法王帝説』の作者は、このような風説を頭から否定するのではなく、「不謹慎《ふきんしん》だからよしなさい」、とたしなめている。これはよくよく考えれば、むしろ噂を黙認していることになる。

山背大兄王

そこで『日本書紀』を読み直すと、正史が、二人の親子関係を明確に書き記していなかったことに気づかされる。そうであるかのように見せかけているだけなのだ。

そしてここに、『日本書紀』の仕組んだ巧妙なトリックを見いだすことができるのではあるまいか。

すなわち、山背大兄王を軸にして、聖徳太子と蘇我入鹿《そがのいるか》という両極端な善と悪のシンボルが存在し、しかも彼らは同じ蘇我系で、身内が身内を滅ぼして滅亡していったという構図が読みとれるのだ。そして、この図式を完成させるためには、山背大兄王という人物がいてくれないと困る、ということになる。

なにやら、とんでもない謎が隠されていそうではないか。

ところで、蘇我入鹿を暗殺した中大兄皇子《なかのおおえのみこ》と中臣鎌足《なかとみのかまたり》は、どちらかというと、改革事業に反発した部類に入っていたのではないか、と思える節がある。つまり、本来蘇我入鹿も改革派の側にあって、これを潰《つぶ》しにかかったのが中大兄皇子たちではなかったか。そして、『日本書紀』を編纂したのが中臣鎌足の息子・藤原不比等《ふひと》であったのだから、父の行動を正当化するためにも聖徳太子をこの上ない聖者に見せかけておいて、その裏側では、この人物の真の改革者としての姿を抹殺《まっさつ》してしまったのではなかったか。

さらに憶測を進めるならば、改革潰しの事実を抹殺するために、聖者聖徳太子とこの一族を滅ぼす悪の権化・蘇我入鹿という対照的な偶像と図式を構築することによって、七世紀の歴史を改竄《かいざん》してしまった疑いすら出てくる。

●日本的な改革事業のお手本

聖徳太子の謎については、最終章でもういちど触れることにして、ここでは、実在したであろう聖徳太子の偉大な業績というものについて考えてみよう。

聖徳太子がいかに優れた改革者であったかは、十七条憲法の中に示されている。「和をもって貴《とうと》しとし」という第一条はあまりに有名だ。しかし、その意味するところは、思いのほか大きい。

そもそも憲法十七条とは、中国の統一国家・隋《ずい》で完成しつつあった律令《りつりょう》制度（法制度）から多くを学んだうえで書き上げられた明文法とされている。そして、聖徳太子やその時代は、隋や唐《とう》から先進の文物を取り入れた時代というのが、一般の見方なのだ。

つまり、これらはすべて物まね、という印象さえ受ける。

しかし、ほんとうにそうなのだろうか。

たとえば、法隆寺や東大寺といった古代を代表する木造建築は、世界でもトップレベルの美しさを保っている。このような木造建築が日本にしか残ってないのはなぜだろう。かりにすべての技術が渡来人《とらい》の手でもち込まれたものなら、法隆寺を超越する木造建築が朝鮮半島や中国に残っていてもおかしくはなかったはずだ。

近年、考古学の進展で、この初歩的な疑問に対する答えがいくつも見つかっている。

縄文《じょうもん》時代、すでに日本に相当高度な技術があって、木と木を組み合わせる渡腮《わたりあご》仕口《しぐち》という技術の存在も確認されている。これが法隆寺にも継承されていたのであって、要するに古代日本の文化・技術の中に、列島内で発展したものも多く残っていたことがはっきりしてきた。

もちろん、大陸や半島から、多くの文化が流れ込んだことも事実だ。いっぽうで、日本列島の側にも確固たる文化は存在し、新たな文物を咀嚼《そしゃく》し、日本的な代物に……ときにそれは本場物よりも高度なものに仕上げてしまうこともあった……変化させてしまう力があったと考えるべきだろう。

じつをいうと、聖徳太子の憲法十七条も、このような日本人の特性を反映したものだった。

たとえば第一条は、ヤマト朝廷誕生以来の日本の政治システムを端的に述べたものだ。すなわち、合議制の尊重を、憲法の冒頭にうたい上げていたということになる。そして、これを最後の十七条で、念押ししている。

法隆寺　用明天皇が発願、寺院の建立を推古天皇と聖徳太子が受け継ぎ完成させた

「独断をしてはならない。必ず人々と話し合え。小さなことならいざ知らず、大きな決め事をするときは過ちの起きるのを避け、多くの人と論じあえ」

というのだ。

隋《ずい》で誕生した律令《りつりょう》には、強大な権力を有した皇帝が、いかに広大な国土を統治するか、という前提があった。しかし、この法体系を学んだ聖徳太子は、日本の政治風土にあわせて、まったく異なる法体系を構築しようとしていたことが分かる。聖徳太子が律令の先鞭《せんべん》をつけたことが、この先の日本を決定づけたといっても過言ではないだろう。

八世紀、律令制度はほぼ整うが、この中で、天皇に権力は与えられず、太政官《だいじょうかん》による合議が、国政の中心となったのもこのためだ。

すなわち、このような法体系ですら、日本は隋から多くのものを学びつつも、日本的な代物にアレンジしていたことになる。だからこそ、律令はその後、千年以上にもわたって日本の社会を規定しつづけたのであって、聖徳太子の業績こそが「日本的な行政改革」のお手本といっていいだろう。

中臣鎌足は百済からの渡来人だった?

●古代史を塗り替えた中臣鎌足

奈良県橿原《かしはら》市の曾我《そが》は、かつての蘇我《そが》氏の勢力圏で、六世紀から翡翠《ひすい》の加工が行なわれていたことで知られている。

この曾我の人々は、飛鳥《あすか》の東方にそびえる多武峰《とうのみね》の集落と仲が悪く、婚姻関係を絶対に結ばなかったという。多武峰には蘇我入鹿《いるか》を殺した中臣鎌足《なかとみのかまたり》を祀《まつ》る談山《だんざん》神社があって、その恨《うら》みを忘れなかったのだ。それも、つい最近までというから、驚きである。千何百年の間には、ロミオとジュリエットのような悲劇もあったのでは

太子御廟　聖徳太子とその母・妻を葬ったので御墓山とも呼ぶ

ないかと、余計な心配までしてしまう。

怨恨《えんこん》というものは、なかなか消えるものではないらしい。それも、もし仮に蘇我氏が罪なくして殺されていて、しかも悪人のレッテルを貼られていたとすれば、気持ちは分からないでもない。いや、何か、応援したい気分にもなってくる。

また、こんな話もある。大阪府南河内《かわち》郡太子《たいし》町には聖徳太子の墓を守る叡福《えいふく》寺と西方院があって、尼寺西方院の住職は、代々蘇我を名乗ってきた。そして、「蘇我の子」は、いまでも学校でいじめられる、というのだ。曾我の集落の人々がいまだにこだわりをもちつづけるのも道理、というものだろう。

それはともかく、中臣鎌足の話。

件《くだん》の多武峰の談山神社には、中臣鎌足の乙巳《いっし》の変《へん》での活躍を描いた絵巻が残されている。そこには、有名な、斬りつけられ切り落とされた入鹿の生首が、御簾《みす》の向こうの皇極《こうぎょく》天皇めがけて飛んでいくというグロテスクな情景が伝えられている。

一般に談山神社といえば、この絵巻よりも秋の「蹴鞠《けまり》」で知られる。もちろん、中臣鎌足が飛鳥寺の蹴鞠の会で中大兄皇子に出会ったという故事《こじ》にちなむという説明だが、筆者はあの談山神社の蹴鞠のまりが、蘇我入鹿の首に思えて仕方ないのだ。

蘇我氏と中臣氏の対立と憎しみの歴史が、そのような祭りを残すこととなり、いまだに禍根《かこん》を引きずっているのではあるまいか。そして、今まで述べてきたように、蘇我入鹿が『日本書紀』のいうような悪の権化でないとしたら、中臣（藤原）氏は、千数百年にわたって、罪もない屍《しかばね》をもてあそんできた、ということになる。これは筆者の胸を痛めてやまない。

平安時代末期、藤原氏は、蘇我のシンボルともいうべき仏像を略奪し、しかも興《こう》福《ふく》寺にその「頭」だけを、さらし者のように興福寺の宝物館に展示している（山田寺仏頭）。

こうみてくると、どうにも彼ら藤原氏が、歴史の教科書にいうような英雄だったとは、とても思えなくなってくるのだ。

また話がそれてしまった。もういちど中臣鎌足の話に戻そう。

中臣鎌足の末裔《まつえい》藤原氏は、八世紀から今日まで繁栄をつづけ、もっとも高貴な一族として君臨してきたが、不思議なことに、中臣鎌足以前の活躍というものが、ほとんど空白なのだ。

たしかに、神話の中で、天児屋命《あめのこやねのみこと》という始祖神は登場する。しかしそれ以降、活躍らしい活躍はほとんどない。中臣鎌足の登場もあまりに唐突《とうとつ》だった。とすると、中臣鎌足とはいったい何者なのだろう。

●忽然と歴史に姿を現わしたのはどうしてか

そこで『日本書紀』を読み直してみよう。

中臣鎌足《なかとみのかまたり》の初出は、乙巳《いっし》の変《へん》の直前の皇極《こうぎょく》三年正月のことで、中臣鎌子《かまこ》という名で現われる。しかも、何の前置きもなく、突然の神祇伯《じんぎはく》任命記事からで、梅原猛氏は、この記事の直前、蘇我入鹿《そがのいるか》の山背大兄王《やましろのおおえのおう》襲撃事件があったことから、裏で入鹿を操っていたのが中臣鎌足で、この叙任《じょにん》記事は、要するに論功行賞だったのではないかと疑った。

ちなみに神祇伯という職は、神道を司る神祇官の長官を意味し、この当時そのままの職名があったわけではない。

中臣鎌足はこの叙任を再三拒みつづけたという。病《やまい》と偽《いつわ》って大坂の三嶋に引きこもり、軽皇子《かるのみこ》（のちの孝徳《こうとく》天皇）に接触をはじめる。軽皇子は、中臣鎌足の人柄に惚《ほ》れ込み、寵妃《ちょうひ》を与える。余談ながら、中臣鎌足の長子・定恵《じょうえ》が、孝徳天皇の子ではないかとされるのは、寵妃をあてがったというこの記事があるからだ。さらに余談ながら、定恵はのちに才能をねたまれ、百済《くだら》人に毒殺される。

中臣鎌足は軽皇子に感謝し、「軽皇子が王となるのを妨げるものはなにもないだろう」と述べると、これを伝え聞いた軽皇子はひどく喜んだという。しかし、中臣鎌足の本当の「意中の人」は中大兄皇子《なかのおおえのみこ》で、この人物とともに蘇我入鹿を倒す野望を心に秘めて、出会いのチャンスをうかがっていたのだった。

そんなある日、法興《ほうこう》寺（飛鳥《あすか》寺）で蹴鞠《けまり》の会が催され、中大兄皇子の沓《くつ》がぬげたところに歩み寄り、沓を拾い上げ捧げて、運命の出会いを果たしたのだ。爾来《じらい》、二人は学問僧・南淵請安《みなみぶちのしょうあん》のもとに通い、道すがら、密談を重ねたという。クーデター計画は、着々と進められたのだ。

乙巳の変当日、中臣鎌足は、用心深い蘇我入鹿から刀を預かる策を俳優（わざひ

蹴鞠（多武峰縁起絵巻）　中大兄皇子と中臣鎌足との劇的な出会いの場面

と）に授けるなど、暗殺劇の脇役に徹した。

乙巳の変ののちにもち上がった皇位継承問題では、ひとまず皇位は叔父の軽皇子に譲るべきだと中大兄皇子に進言し、ここに孝徳天皇が誕生した。こののちも、中臣鎌足は中大兄皇子の縁の下の力持ちとして暗躍していくのだった。

中臣鎌足が「影の存在」に徹したのは、この男の慎み深さからきているというふうに、これまで考えられていた。しかし、ほんとうにそうだったのだろうか。

たとえば、乙巳の変ののち、中大兄皇子の即位を思いとどまらせた場面で、中臣鎌足は奇妙なことをいっている。

「民衆の望むように、軽皇子の即位を認め

たほうが得策」というのだ。この言葉を深読みすれば、入鹿暗殺直後の中大兄皇子らは民衆から支持されていなかったことになり、とすれば、このコンビはいったい何をしでかそうとしていたのであろうか。

●人気のない藤原氏

奈良には、藤原氏にまつわる神社仏閣がいくつか認められる。

もっとも有名なのが、奈良市の春日《かすが》大社と興福《こうふく》寺だ。今は奈良市街のほぼ中心に位置するから、さぞかし人々の信仰を集めたであろうと想像しがちだが、これらの大寺院・大神社は、藤原氏のためにつくられたものであって、わき上がるような信仰心を伴うものではなかった。

いっぽう、奈良盆地周辺で藤原氏を祀る神社・仏閣といえば、桜井市の多武峰《とうのみね》の談山《だんざん》神社、飛鳥の大原大神宮、北葛城《かつらぎ》郡広陵町の百済《くだら》寺がめぼしいところか。中臣鎌足を祀《まつ》るそれぞれの神社・仏閣の共通点は、総じて人気がない、ということであろう。

今でこそ談山神社には、紅葉のころ、観光バスが乗り込むが、ふだん、この神社を訪れる人はまばらである。歴史に興味ない人でこの神社を知っている人はほとん

談山神社　藤原(中臣)鎌足を祀る。藤原氏の隆盛とともに栄えた

どいないのではないか。

ちょっと驚かされるのが、神社にしては珍しく、参拝に際し、もれなくお金を取られること。お寺ならいざ知らず、神社で拝観料をその入り口で取られるのはおそらくここだけだろう。

神社の入り口の手前に藤原不比等《ふひと》の塚なるものが存在するが、石塔は傾きかかっている。

中臣鎌足廟《びょう》と伝わる山頂につづく道も薮《やぶ》になっていて、よほどの覚悟がない限りのぼることはできないだろう(もっとも、お金を取る範囲はきれいさっぱりしているが)。

飛鳥の大原大神宮は、飛鳥の中心・飛鳥坐《あすかにます》神社のちょうど裏手のなだらかな坂をのぼった先にある。修学旅行の生徒たちが自転車を走らせていても、なかなかここまではやってこない。

大原大神宮には中臣鎌足生誕地という伝承が伝わっている。しかし、中臣鎌足が歴史に占める大きさから考えると、その祠《ほこら》はあまりにみすぼらしく、「大神宮」の名が滑稽ですらある。小屋といったほうがふさわしい。また、中臣鎌足の母は、大《おお》伴《とも》夫人としているが、大伴なにがしと、正確な名を記さなかったのも不審《ふしん》きわまりない。

もうひとつ、中臣鎌足と関わる寺院がある。それが広陵町の百済寺で、中臣鎌足は大織冠《たいしょくかん》として祀られている。この大織冠とは、中臣鎌足がもらった官職名で、当時の総理大臣といったところか。お寺は全体に輝きがなく、どうにも陰気くさい。

なぜ史上稀にみる英雄が、このような場所でしかも「大織冠」という冠位(官位)で祀られているのだろう。

作家としての直感を許されるならば、どうにも中臣鎌足も藤原不比等も、土地の人間にあまり歓迎された存在ではなかったのではないかと思えてならない。それはいったいなぜだろう。

●百済王子・豊璋と中臣鎌足

中臣鎌足の謎は、歴史に唐突《とうとつ》に現われ、しかも、白村江《はくそんこう》の大戦のさなか、中大《なかのおお》兄皇子《えのみこ》の前から忽然《こつぜん》と姿をくらましていることなのだ。

学者の書く本にはけっして書かれていないが、この、白村江の戦いの前後の空白が、中臣鎌足の正体をあぶり出しているように思えてならない。

白村江の戦いは、乙巳《いっし》の変《へん》（入鹿《いるか》暗殺）から十八年後の西暦六六三年に起きている。一度は滅びた百済《くだら》を復興しようと、唐《とう》と新羅《しらぎ》の連合軍と戦火を交えたのだった。

すでに触れたように、天皇家と百済は五世紀以来密接につながっていたから、中大兄皇子は必死だったのだろうし、民衆の反発を承知のうえでの無謀な遠征でもあった。国運を賭《と》した戦争であり、事実、こののち日本は滅亡の危機を迎えている。

その中大兄皇子の一大事に、どうした理由からか、かけがえのない右腕である中臣鎌足が姿をくらまし、敗戦後、ひょっこり再登場する。いったいこの男はどこで何をしていたのだろう。

そこで『日本書紀』をひもとくと、奇妙な重なりをもった人物が存在していたことに気づかされる。それが、中臣鎌足出現の直前、人質として来日した百済王子・豊璋《ほうしょう》なのだ。

豊璋は西暦六三一年に来日、六六〇年に百済がいったん滅亡したのち、王朝復興の気運の高まりの中で、百済の名将鬼室福信《きしつふくしん》に呼び戻され擁立される。しかし、鬼室福信の手腕と名声をねたみ、これを殺し、首を塩漬けにして、自ら王朝の衰弱を招いてしまう。白村江の戦いで百済王朝は永遠にこの世から姿を消し、豊璋は行方《ゆくえ》をくらましたのだった。

豊璋が百済に舞い戻っていたちょうどそのとき、中臣鎌足が「透明人間」になっていたのははたして偶然なのだろうか。冠位「織冠《しょくかん》」を与えられたのが、中臣鎌足と豊璋の二人だけだった、という『日本書紀』の証言も気になる。中臣鎌足が百済寺で「織冠」として祀られていたことも、ここにきて、妙に引っかかる。

そこで、中臣鎌足の子・藤原不比等に注目すると、百済と「中臣（藤原）」の近さ、というものがはっきりしてくる。

中臣鎌足の死後、天智《てんじ》天皇の子・大友皇子と天智天皇の弟・大海人皇子《おおあまのみこ》（天武天皇）は、皇位をめぐり激突した（壬申《じんしん》の乱《らん》）。これはたんなる骨肉の争いというものではなく、親新羅派・親百済派の闘争でもあった。

天智天皇が百済の救援に躍起になったように、大友皇子の近江朝は親百済派、いっぽうの大海人皇子は、王権を奪取してからは、新羅との友好関係を重視していた。そして、近江朝側にいたであろう藤原不比等が天武朝から完璧に干されていた事実を見逃してはなるまい。

壬申の乱で近江朝のもっとも強力な戦力は百済移民たちで、彼らも天武朝で干され、また、藤原不比等の復活後、朝廷に返り咲いている。この点、藤原（中臣）氏の命運と百済移民のそれは連動しているかのようだ。

こうしてみてくると、中臣鎌足が百済王子・豊璋であった疑いは、強くなるばかりだ。

日本のラスプーチン、道鏡

●日本のラスプーチン

道鏡《どうきよう》と聞いて何を連想するか……。

「巨根」と答えられたらかなりの歴史通。だからどう、ということもないが……。

もっとも、この男がほんとうに「そう」であったかというと、証明するものはない。中世に話がどんどんふくらんでいったものにすぎず、奈良朝最後の怪人は、中世のワイドショーの格好の餌食《えじき》になりえた、ということか。

道鏡は今ふうにいえば、「日本のラスプーチン」ということになる。聖武《しょうむ》天皇の娘・称徳《しょうとく》天皇の看病をしたのがきっかけで、この独身女帝の寵愛を受け、どこの馬の骨とも知れぬ一介の僧にすぎなかった道鏡が、太政大臣禅師《だいじょうだいじんぜんじ》にまで引き立てられたのだ。

この官職は、律令《りつりょう》の規定にないが、最高の官職・太政大臣と同等の重みをもつ重鎮《じゅうちん》であり、さらに、あろうことか、女帝は、かわいさのあまり、この怪僧を天皇に仕立て上げようとさえした。有名な宇佐八幡宮神託《うさはちまんぐうしんたく》事件がこれだ。

すべては房事《ぼうじ》のなせる業《わざ》……。しかし、それだけで、これほどの大事件を片づけておいていいのだろうか。天皇家がひとりの女帝の手で潰されかかったのだ。ほんとうに独身女帝のご乱心というだけの事件だったのだろうか。

そこでまず、時代背景を考えてみなければならない。

称徳天皇は、東大寺を建立した聖武天皇と藤原不比等の娘・光明子《こうみょうし》の間に生まれた。聖武天皇の禅譲《ぜんじょう》を受けて即位し、孝謙《こうけん》天皇となるも、時の権力者・藤原仲《なか》麻呂《まろ》の思惑《おもわく》から、大炊王《おおいおう》（淳仁《じゅんにん》天皇）にいったん皇位を譲り渡している。

このあたりのいきさつはかなり複雑で、あまりよく分かっていない点も多いのだが、問題を単純化すると、聖武天皇と藤原氏の主導権争いが娘の時代にも引き継がれた、ということになる。

のちに詳述するように、聖武天皇は「藤原の子、藤原のための天皇」としてこの世に生を享《う》けながら、ある時点で豹変《ひょうへん》し、徹底的に藤原権力に反抗した天皇だったのだ。

そして、父親の息のかかった孝謙女帝を、そのまま天皇の地位においておくことのできなかった藤原仲麻呂は、大炊王を、息子（故人）の妻にあてがい、養子同様に飼い慣らすと、孝謙を退け、即位させた、というわけだ。

さて、道鏡を考える場合、この藤原仲麻呂という人物が、大きなヒントをもっていたのではないかと思える節がある。じつをいうと、日本で最初に本気で天皇家を潰そうとしたのが、この藤原仲麻呂だった疑いがある。

たとえば、淳仁天皇は藤原仲麻呂を父と呼び、そのいっぽうで実の父親に「皇帝」の称号を追号している。つまりこれで仲麻呂は「皇帝」と同等ということになる。悪い冗談にしかみえない。淳仁天皇は仲麻呂の操り人形だったから、すべては仲麻呂の仕組んだことだった。

この仲麻呂の暴走に、孝謙上皇は不快感をあらわにする。

●称徳天皇は何を目指したのか

仲麻呂はたちが悪かった。彼は反藤原派の豪族を一網打尽《いちもうだじん》に引っ捕らえ、四百人近くの人たちを処罰し、一気に権力を握ると、一家だけでほぼ朝堂を独占し、貨幣を鋳造する権利と、天皇御璽《ぎょじ》と同等の価値をもつ「印（要するに魔法のハンコ）」を獲得している。

何度もいうように、ヤマト朝廷は合議制の上に成り立っていて、合議で決まった案件を天皇に奏上し、天皇はこれに印（御璽）を押すことで「追認」した。

この「印」の押された書類をもってはじめて行政は動き出すのであり、したがって、天皇印と同等の重みをもつ仲麻呂の印は、仲麻呂独裁の公認を意味していた。法の適用も受けなくなり、怖《こわ》い者のいなくなった仲麻呂は、紛れもない「皇帝」となったのだ。

ところで、仲麻呂は淳仁《じゅんにん》天皇から「恵美押勝《えみのおしかつ》」の名をもらい受けた。受験勉強で覚えたであろう「恵美押勝の乱」とは、要するに天平の藤原氏の大醜態でもあったのだ。名前が違うから見逃しがちだけど……。

それはそうと、この恵美押勝の専横にすくっと立ち上がったのが、孝謙上皇《じょうこう》だった。このころから道鏡を寵愛し、恵美押勝が非難すると、負けずにやり返した、という経過をたどり、両者の関係は、一触即発の域に達していたのだった。

この時代を書き記した『続日本紀《しょくにほんぎ》』は、もちろん藤原寄りの文書だから、恵美押勝と孝謙上皇がどのような駆け引きをし、いかに恵美押勝が没落していったか、ほとんど記述がない。しかし、事態は急転直下、収拾する。最後は天皇御璽の取り合いとなって、それに失敗した恵美押勝が都落ちし、近江《おうみ》で斬り殺された。じつにあっけない幕切れだった。淳仁天皇も捕らえられ、流されてしまうと、即座に孝謙上皇が重祚《ちょうそ》、称徳《しょうとく》天皇はこうして誕生した。

それにしても、称徳という女帝は、じつに強烈な個性をもっていた。

ここで有名な言葉が発せられる。

「王を奴（もっとも身分の低い者）にしようとも、奴を王と呼ぼうとも」

王を奴婢《ぬひ》にしても、奴婢を王と呼ぼうとも、私の自由にしていい、というのだ。

これは淳仁天皇を引きずり下ろす理由を述べたもので、父聖武天皇が生前、称徳天皇に諭《さと》したものだという。それがはたしてほんとうに聖武天皇の言葉なのかどうか、確かめようはない。しかし、この言葉が天皇自身の口からでているところに、意味があろう。

●恵美押勝の証言

道鏡《どうきよう》を寵愛する孝謙《こうけん》上皇に向かって、生前、恵美押勝《えみのおしかつ》は気になることをいっている。天平宝字《てんぴようほうじ》八年（七六四）九月というから、恵美押勝の乱勃発の月の緊迫した状況の中で、恵美押勝は絞り出すように、

「道鏡の朝廷に仕える様子をみると、先祖の大臣として仕えていた過去の一族の栄光を取り戻そうとして躍起になっているのだ」

として、「だから排斥してしまえ」というのだ。

どうにも不可解な一節といえる。道鏡は何者なのだろう。恵美押勝をして、道鏡一族の過去の栄光を認めさせるほど、道鏡は名門の出なのであろうか。

道鏡の俗姓は弓削《ゆげ》氏で、名前から、武器生産や軍事に関わっていた一族ではないかと察しがつく。この弓削は、河内《かわち》地方を本拠地にし、ここにはやはりヤマト朝廷の軍事に関わった物部《もののべ》氏の勢力圏があった。弓削と物部の関係は広く認められているところでもある。

ところで、過去の大臣クラスの人物で「弓削」に関連する人物が、ひとり実在する。それが物部守屋《もののべのもりや》で、この人物は、物部弓削連《ゆげのむらじ》守屋を名乗っていた。恵美押勝のいう過去の大臣クラスの人物とは、間違いなく物部守屋であり、道鏡が物部同族と〝恵美押勝〟に認識されていたことは重大な波紋を投げかける。

物部氏といえば、その祖はニギハヤヒで、神武東征以前のヤマトの王者だった。その物部氏の末裔《まつえい》を、称徳天皇は天皇に仕立て上げようとしていたということになる。とすれば、これはヤマト朝廷の一種の「復古運動」と見直すことも可能ではないか。

では、その真意はなんだろう？　こういうことがいえるのではないか。

すなわち、聖武天皇や称徳天皇は、血縁上は藤原氏の子であり、藤原氏のための天皇だった。しかし、私見どおり、藤原氏が百済《くだら》王家の出身で、しかも天皇家を傀儡《かいらい》とすることで一党独裁を目指していたとすれば、聖武天皇や称徳天皇の体の中で、「日本人」としての血が目覚めたとはいえないだろうか。

「藤原のための天皇ならないほうがまし」

この思いが、「王を奴にしても」という言葉を生み、道鏡という「復古」を目指したとはいえないだろうか。

天皇家略系図

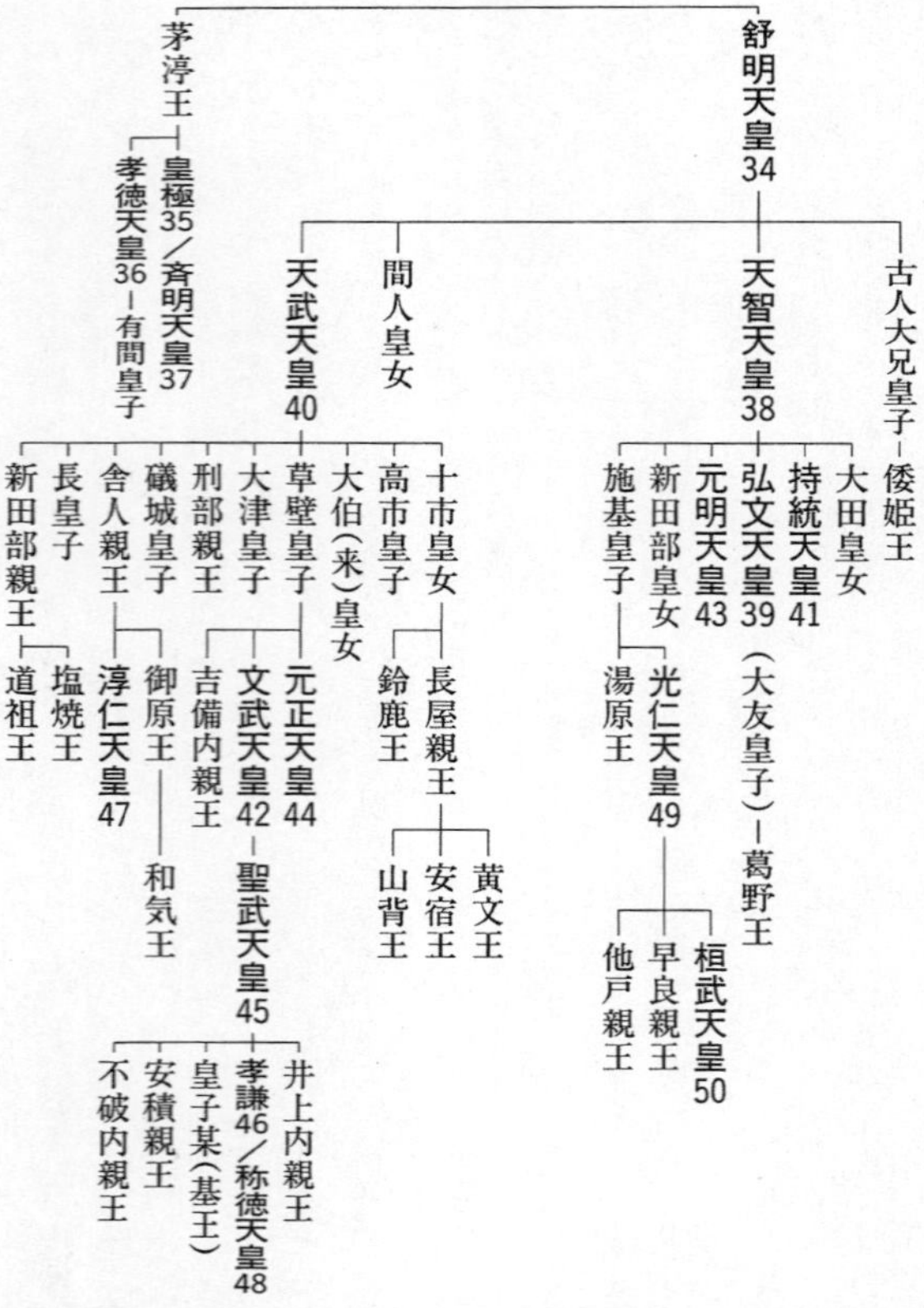

舒明天皇34
古人大兄皇子
倭姫王
天智天皇38
大田皇女
持統天皇41
弘文天皇39（大友皇子）
葛野王
元明天皇43
新田部皇女
光仁天皇49
桓武天皇50
早良親王
他戸親王
施基皇子
湯原王
間人皇女
天武天皇40
十市皇女
長屋親王
黄文王
安宿王
山背王
鈴鹿王
高市皇子
大伯（来）皇女
草壁皇子
元正天皇44
文武天皇42
聖武天皇45
井上内親王
孝謙46／称徳天皇48
皇子某（基王）
安積親王
不破内親王
吉備内親王
大津皇子
刑部親王
磯城皇子
舎人親王
御原王
和気王
淳仁天皇47
長皇子
新田部親王
塩焼王
道祖王
茅渟王
皇極35／斉明天皇37
孝徳天皇36
有間皇子

第二章

異色の天皇列伝

興福寺五重塔

コラム ——天皇制とイデオロギー

あらたまっていうのも変だが、世の中にはいろいろな考えをもった人がいる。

この間、とある公立大学の考古学者と話をする機会があった。驚かされたのは、

「いまだに天皇家がヤマト朝廷誕生以来つづいていたと唱える輩《やから》がいる。時代錯誤《さくご》もはなはだしい」と。

憤懣《ふんまん》やるかたない、という調子だった。

なるほど、学者とはそういうものなのかと、妙に感心してしまった。

天皇という王権がヤマト朝廷発足以来つづいていたかどうか、それはまだ解き明かされていない謎だ。もちろん、『日本書紀』には「つづいている」と書いてある。

だからといって、これを信じるわけにはいかない。また、戦後の自由

な歴史論議の中で、天皇家は永続していたはずがなく、何回も王朝は交代していたはずだ、とする考えが主流になったのも事実だ。「万世一系の天皇」は幻想にすぎない、というのだ。件《くだん》の考古学者も、このことを念頭に置いてあのような発言をしたのだろう。それは、戦前の「皇国史観」に対する反発でもあるのだ。

しかし、それは現代のイデオロギーであって、現代人の思想をもって先入観をつくり、歴史の事実を断定してしまうのは本末転倒《ほんまってんとう》というものだろう。

天皇は永続したのではないかもしれず、いっぽうで、ヤマト朝廷誕生以来つづいていたかもしれない。それを判断するのはイデオロギーではなく、地道な研究と先入観にとらわれない仮説の積み重ねなのだ。だから、その謎を冷静に解き明かそうとするのが、歴史を学ぶもののつとめとはいえないだろうか。

少なくとも、拙著《せっちょ》を手にされた賢明なる読者は、柔軟な発想をもった人たちであってほしい。

二人いたハツクニシラス天皇

●二人の初代天皇という謎

街角の喫茶店で『日本書紀』の話題で盛り上がっている人がいるとしたら、それは間違いなく変人であろう（それは私です）。だいたい、『日本書紀』など一生読まないという人が大半だろうから、『日本書紀』の「おもしろさ」などに、ほとんど関心がないのが普通なのだ。しかし、こんなにわくわくする本は、そうめったやたらにあるものではない。

だいたい『日本書紀』は、嘘《うそ》を嘘で塗り固められていながら、これまでだれも嘘を見抜けなかったのだから、嘘の宝庫といってよく、逆にいえば、だれもが宝の第一発見者になれる可能性をもっているということになる。

優秀な学者が寄ってたかって気づかなかったのは、「正史は嘘をつかない」という信じられないような「前提」をもっていたからだ。『日本書紀』の嘘を発見することで生活している貧乏作家としては、こんな僥倖《ぎょうこう》はない。学者がもっと柔軟に

『日本書紀』を見ていれば、とっくに古代史は解き明かされていたにちがいなく、こちらは飯の食い上げとなっていただろう。貴重なお宝を手つかずで残しておいてくれたことに、感謝してもしきれない。

さて、その『日本書紀』のおもしろさ、についてだ。

大概の場合、『日本書紀』や『古事記』を読もうとするとき、「神話」から読もうとする。これが大きな間違いで、ほとんどの場合、最高の睡眠薬となって、健康にいいだけの本になり果てる。

『日本書紀』を読破したいと思ったら、七世紀の乙巳《いっし》の変《へん》の周辺から読み始めるのがよい。聖徳太子や蘇我入鹿《そがのいるか》の身辺にいかに多くの謎かけが仕組まれているかがよく分かる。そしてその謎を追いかけていくと、自然に七世紀と神話時代がつながっていたことに気づかされる。その段階であらためて神話を読んでいくと、ヤマト建国の謎も解けてくるはずだ。

そこでここでは、ヤマト建国にまつわる奇妙な話を紹介しておこう。

日本の初代天皇は誰かといえば、九州から東に向かった神武天皇ということになろう。しかし『日本書紀』は、もうひとりの初代天皇を用意している。それが第十代崇神《すじん》天皇なのだ。神武天皇も崇神天皇も、どちらも「ハツクニシラス天皇（最初に日本を治めた天皇)」と呼ばれているからだ。

これはいったいなんだろう。

●初代天皇と出雲(物部)の関わり

『日本書紀』の記述に従えば、神武《じんむ》天皇は今から二千年以上も前にヤマトにやってきて、一大王朝を築いたということになる。しかし、そうなると縄文《じょうもん》時代に突入してしまい、このころ国土の三分の二にのぼる地域を統一した存在など考古学的にみて想定できない。そこで、神武天皇は一種の「神話」だった、という発想につながる。

では、ほんとうのヤマトの初代の王者はだれかというと、崇神《すじん》天皇が怪しい、ということになる。年代的にはこちらのほうがふさわしいからだ。

そのいっぽうで、神武と崇神は、もともとは同一人物だったのではないか、とする有力な説もある。

なぜかというと、神武天皇の場合、ヤマト入りの直後から晩年までの間に、ぽっかりと記事が抜け落ちていて、逆に崇神天皇は、即位直後の記事が希薄《きはく》で、二つの記述を合わせて一人の記事になるのではないか、というのだ。

この奇を衒《てら》ったかのように思える推理も、考古学的裏づけが得られるのだが、そのことに立ち入る前に、気になるのは、神武と崇神の二人のハツクニシラス天皇と「出雲《いずも》」の関係なのだ。

すでに触れたように、神武天皇はヤマトに入ってから物部氏の祖・ニギハヤヒの一族から王権を禅譲《ぜんじょう》され、出雲神（物部系）の娘を妃《きさき》に選んでいる。いっぽう崇神天皇は、出雲神の祟《たた》りに悩まされ、のちに出雲神を手篤く祀《まつ》っている。

崇神天皇磯城瑞籬宮址（桜井市）

いきさつはこうだ。

崇神五年、国中に疫病《えきびょう》が蔓《まん》延《えん》し多くの人々が亡くなった。人口が半分になるほどの猛威だったという。その翌年になると、人々は土地を手放して流浪し、朝廷に背く者が現われた。

崇神七年、崇神天皇は、国の混乱を憂え、占いをしてみると、第七代孝霊《こうれい》天皇の皇女・

倭迹迹日百襲姫命《やまとととひももそひめのみこと》に神託が下り、出雲神・大物主神《おおものぬしのかみ》を敬い祀《まつ》れば、天下は自然に治められるようになるだろうというので、さっそく大物主神の末裔《まつえい》の大田田根子《おおたたねこ》を探し出し、大物主神を祀らせたところ、世は平静を取り戻したという。ちなみに『古事記』には、一連の災難について、大物主神の「祟り」だったと記述している。

すでに触れたように、こののち崇神天皇は、大物主神をヤマトを造成した神とたたえることになるのだが、神武にしろ崇神にしろ、「ハツクニシラス天皇」がどちらも出雲や物部と深くかかわっていたことは紛《まぎ》れもない事実であった。

●ヤマト建国と前方後円墳

神武《じんむ》と崇神《すじん》の問題は、ヤマト建国とは何か、という問いかけでもある。そしてこの謎を解き明かすには、どうしても考古学の知識が必要となる。

考古学の進展によって、近年急速にヤマト建国の全貌が明らかになりつつある。

まず大切なことは、これまで三世紀末から四世紀初頭と思われてきた前方後円墳の出現が、三世紀半ばのことと分かって、ヤマト建国もこのころと考えられるようになったということ、そして、この前方後円墳が、いくつかの地域の埋葬文化を寄せ集めて完成したということなのだ。

箸墓古墳　倭迹迹日百襲姫の墓との伝承もある

前方後円墳の出現年代が繰り上がったのは、これまで三世紀後半のものと思われていた初期前方後円墳の副葬品の鏡が、実際には三世紀半ばのものであったことがはっきりしたからだ。秀麗な姿で名高い箸墓《はしはか》古墳も、このころつくられていたことが分かってきた。箸墓は邪馬台国論争でも取り上げられるようになって、卑弥呼《ひみこ》の墓ではないかとも疑われはじめている。邪馬台国は、二世紀後半から三世紀にかけてのことで、卑弥呼の死が、ちょうど三世紀の半ばのことだったからだ。

それはともかく、前方後円墳のもうひとつ大切なことは、すでに触れたように西日本のおおよそ四つの地域の埋葬文化が集合したということで、それは、ヤマト・出雲・

吉備《きび》・北部九州なのだった。

ヤマトの方形周溝墓《ほうけいしゅうこうぼ》の周囲をめぐる溝が前方後円墳の堀に、出雲の四隅突出型《よすみとっしゅつがた》墳丘墓《ふんきゅうぼ》の四角い出っ張りが前方後円墳の「方」に、また、吉備の特殊器台形《とくしゅきだいがた》土器と北部九州の鏡が採用された、という具合である。

こうしてみてくると、前方後円墳の意味、というものがはっきりしてくる。前方後円墳はその巨大さが「売り物」だが、一見して強大な権力の象徴のようにみえる代物が、実際には天皇（大王）の「弱さ」を象徴していた、ということになる。西日本の四つの地域の首長がそれぞれの埋葬文化を寄せ集めて、合意のもとで、新たな王権が生まれたからだ。そして、ここからが大切なのだが、この前方後円墳がヤマトから東方に向けて、混乱なく一気に広まっていった点がヤマト朝廷の性格を明らかにしている。

四世紀、前方後円墳は東北南部まで広まっていった。しかもそれは、ヤマト朝廷の武力による征服とはとても考えられず、とすれば、東国がヤマト朝廷を追認し、平和裡に、その枠組の中に収まった、ということになる。このようなヤマト朝廷誕生のいきさつが分かってきてみてはじめて、神武天皇と崇神天皇の正体というものが理解できてくる。

そして前方後円墳ともう一つ、二人のハツクニシラス天皇の謎を解くためのヒントは、三輪《みわ》山山麓の纏向《まきむく》遺跡なのだ。

●ヤマト建国のいきさつを熟知していた『日本書紀』

三世紀のヤマトに、巨大な人工都市が誕生している。これが纏向《まきむく》遺跡で、はじめ出雲《いずも》・吉備《きび》・東海・北陸の土器が続々と集まり、最後に北部九州がやってきたのだという。

前方後円墳と纏向遺跡は、ヤマト朝廷誕生の過程を明確にしている。三世紀に西日本の東側で大きなグループがまとまり、おそらく三世紀の半ば、これに後追いする形で北部九州が加わった、ということだろう。そして、神武・崇神《すじん》、二人のハツクニシラス天皇の業績を重ねてみると、ヤマト建国を正確に再現できることに気づかされる。

神武天皇は、ヤマトの地にすでにニギハヤヒなるものが舞い下りていて、その地に都をつくろうと九州からヤマトに向かった。九州から天皇がやってくる以前、すでにヤマトはできあがりつつあったわけで、それは纏向遺跡の「証言」と合ってくる。

応神天皇陵　仁徳天皇陵に次ぐわが国第二の前方後円墳

崇神天皇の場合、出雲神・大物主神《おおものぬしのかみ》がヤマトを造成した神であったことを認めていて、これも考古学の語るところとまったく重なってくる。

さらに、『日本書紀』は崇神天皇が四人の将軍（四《し》道《どう》将軍）を、日本各地に派遣し、将軍らの凱旋ののち天下が治まったとして、「ハツクニシラス天皇」と賞賛された、としている。

『古事記』には、このとき、二人の将軍は太平洋側と日本海側から北上し、福島県付近で落ち合ったとある。

四世紀、前方後円墳の広がりはまさに福島県にまで及んでいたから、ここからも、ヤマト建国の考古学が実証されていたことに驚かされる。そして、ことごとに至り、神武・崇神の二人の「ハツクニシラス天皇」の業績を重ねてみることで、ヤマト建国の過程を正確に再現できることになる。

とすれば、二人の初代天皇という『日本書紀』の不可解な記述は、本来一人の業績であったものを、わざわざ二人に分けてしまった、というのが本当のところらしい。

それにしても、なぜ『日本書紀』は、こんな手の込んだからくりを用意する必要があったのだろうか。

一つの理由は、ヤマト朝廷誕生時の「天皇家の弱さ」というものをひた隠しにしたかったからだろう。そしてもっと重要なことは、「出雲」や「物部《もののべ》（蘇我《そが》）」の歴史に占める大きさを秘匿《ひとく》したかったからではなかったか。

独裁権力を欲した雄略天皇

●倭の五王の時代

ヤマト朝廷誕生直後の四世紀、日本は東アジアの中で姿をくらます。『魏志《ぎし》』倭《わ》人伝《じんでん》にあるように、三世紀にはしきりに中国に朝貢《ちょうこう》していた「倭」が、ぱったりと外交活動を停止してしまう。

この間、何をしていたかというと、もっぱら内政の充実に心血を注いでいた気配がある。とくに、東国を政権の枠組みに引き入れることに腐心《ふしん》していたようで、結果として、五世紀に入ると、東国の兵力を朝鮮半島に振り向ける「体力」を身につけることができるようになった。

有名な広開土王碑文《こうかいどおうひぶん》にあるように、この時代のヤマト朝廷は、朝鮮半島にしきりに軍事介入していったのだ。

なぜかといえば、それはおそらく、朝鮮半島南部の小国家群「伽耶《かや》(一般には任那《みまな》といったほうがとおりはいいかもしれない)」と利害を共有していたからであろう。弥生時代の北部九州は、この伽耶と同一の文化圏に属し、伽耶は多島海を利用した交易国家で、また鉄の生産でも群を抜いていた。

朝鮮半島は、北方騎馬民族の高句麗《こうくり》の南下に苦しんでいて、ヤマト朝廷は、高句麗から伽耶を守るために、さかんに出兵したのだろう。つまりは鉄資源の確保のための戦争といえる。

このような五世紀のヤマト朝廷の活発な動きは、中国大陸の王朝にも都合のいいことだった。というのも、万里《ばんり》の長城《ちょうじょう》が騎馬民族の脅威《きょうい》が生んだ遺跡であるように、彼らにとって、高句麗に代表される騎馬民族国家は頭の痛い存在だったのだ。ヤマト朝廷が南側から圧迫してくれるとなれば、願ったりかなったり、ということになる。

このため、ヤマト（倭《わ》）の五世紀の大王は、ある程度の知名度を上げ、中国大陸（この時代は宋《そう》）から、しきりに「称号」を出させるように運動した。これがいわゆる「倭の五王」と呼ばれる人々で、中国側の文献『宋書《そうじょ》』倭国伝《わこくでん》には、讃《さん》・珍《ちん》・済《せい》・興《こう》・武《ぶ》として現われ、これはそれぞれ、仁徳《にんとく》・反正《はんぜい》・允恭《いんぎょう》・安康《あんこう》・雄略《ゆうりやく》天皇のことではないかと考えられている。

彼らが獲得した称号は、じつに長々しく威厳に満ちたものだった。初めは安東大《あんとう》将軍・倭国王。そして、倭の五王最後の武王＝雄略天皇にいたっては、使持節都督《しじせつととく》倭・新羅・任那・加羅《から》（伽耶《かや》）・秦韓《しんかん》・慕韓《ばかん》六国諸軍事安東大将軍と、いかにも日本列島から朝鮮半島までをも支配していたかのような響きがある。

ただし、これを言葉どおりに受け止めてはいけない。高句麗の南下をくい止めているヤマトの王権に対する、宋側からのご褒美であり、一種の名誉職といったほうがいいかもしれない。しかし、実権を伴わなかったヤマトの王家が、宋から認められたことによって(もっとも実際に活躍していたのは物部《もののべ》氏を中心とする周囲の豪族層だっただろうが)増長していった疑いが強い。

そして、五世紀後半、ついに独裁権力を握ろうとする雄略《ゆうりゃく》天皇という暴君が生まれたのだった。

●暴走する雄略天皇

第二十一代雄略《ゆうりゃく》天皇は、第十九代允恭《いんぎょう》天皇の第五皇子で、もともと有力な皇位後継者候補ではなかった。この皇子が即位できたのは、兄で第二十代安康《あんこう》天皇の死後、並みいる強敵を打ち倒し、クーデターによって政権を奪ったからにほかならない。その執念はすさまじく、先に触れた葛城《かつらぎ》(「かずらき」とも)氏だけでなく、兄弟を含めた主だった皇族に血の粛清を加えたのだった。

雄略天皇のクーデターの前触れは、すでに先帝・安康の時代にはじまっていた。允恭天皇の崩御《ほうぎょ》(死)後のことだ。暴虐《ぼうぎゃく》な皇太子・木梨軽皇子《きなしかるのみこ》は婦女に暴行し、人々はこれを非難していたという。多くの豪族の心は離れ、みな穴穂皇子《あなほのみこ》(のちの安康天皇)に期待したという。

そこで木梨軽皇子は、穴穂皇子が邪魔になり、密かに兵を挙げたのだが、穴穂皇子も応戦。木梨軽皇子は、完璧に人心の離れたことを知り、物部大前宿禰《もののべのおおまえのすくね》の館《やかた》に逃れたが、ついに穴穂皇子に囲まれ、自害して果てたのだった。こうして穴穂皇子は即位する。これが安康天皇だ。

ところが、安康天皇に、悲惨な事件が待ちかまえていた。中蒂姫命《なかしひめのみこと》を皇后に迎え入れたが、この女人にはすでにほかの男性との間に子があった。眉輪王《まゆわおう》がそれで、父親は、讒言《ざんげん》（嘘《うそ》の訴え）によって、安康天皇に殺されていたのだった。安康天皇は、その子を宮中で育てることにした。しかし、眉輪王は父の仇と、安康天皇を暗殺してしまうのだ。

雄略天皇は、安康天皇暗殺事件の混乱に便乗して皇位を奪ったのだった。有力な皇位後継候補を、次々に殺戮《さつりく》していく。最初のターゲットは、同母兄の八釣白彦《やつりのしろひこ》皇子《のみこ》で、安康天皇暗殺に与《くみ》したと難癖《なんくせ》をつけ、なにも答えなかったからと、首を切り落とした。次の標的は、やはり同母兄の坂合黒彦皇子《さかあいのくろひこのみこ》で、皇子はどうせ殺されるならと、眉輪王とともに逃亡、円大臣《つぶらのおおおみ》（葛城氏）の館に逃げ込んだ。雄略天皇は身柄の引き渡しを求めるも円大臣は拒否している。

雄略天皇

「今、皇子はあえて私を頼ってまいりました。どうしてこれを裏切ることができましょうか」

というのだ。激怒した雄略天皇は館に火を放ち、皆殺しにしてしまったという。

こののち雄略天皇は、安康天皇が後継者にしようとしていた従兄弟の市辺押磐皇《いちべのおしはのみ》子《こ》を狩りに誘い出し、射殺してしまう。市辺押磐皇子の同母弟・御馬皇子《みまのみこ》も、不意打ちを食らい捕らえられ、処刑された。

●合議制と天皇

雄略《ゆうりやく》天皇の評判はすこぶる悪かったのか、『日本書紀』には、雄略天皇は人の意見を聞かず誤って何人もの罪なき人を殺したとして、「はなはだ悪い天皇だ」と人々がそしっていたとある。多くの豪族の心も離れていたと認めている。

雄略天皇の伝説には、三輪《みわ》山の神（蛇）を宮中に引きずり出したとか、葛城《かつらぎ》山の神・一言主神《ひとことぬしのかみ》を四国に追放したといった類《たぐい》のものもある。これらはみな、出雲系の神々で、それまでのヤマトの「常識」を打ち破る、天皇家（大王家）一党独裁のもくろみが垣間見える。

ここで注目すべきことは、五世紀の段階で出現した雄略天皇の「独裁」に対し、民衆や豪族があからさまに不快感を示したということで、裏返せば、三世紀後半から四世紀にかけてのヤマト朝廷が「合議制」のシステムを取っていたことがこれで分かる。

ところで、五世紀の雄略天皇の登場によって、ようやく古代最大の謎、というものがはっきりしてくるのだ。

じつをいうと、これまで古代史の謎が解けなかったのは、『日本書紀』の記述を鵜呑《うのみ》みにしていたことと、五世紀から七世紀までの単純な政争の図式を見落としていたからだったのだ。

それが「蘇我《そが》」と独裁王との対決という図式なのだ。というのも、五世紀から七世紀にかけてのヤマト朝廷の混乱というものを、独裁権力を求める天皇家と、これに反発し合議制を死守しようとする「蘇我」、と再構築してみることで、多くの謎が解けるからなのだ。

ほんとうに単純なことなのだ。

雄略天皇のご乱心ののち、武烈《ぶれつ》天皇が出現したことはすでに触れた。

武烈天皇が実在したかどうかは疑わしいが、その行動は、独裁を目指した当時の天皇家のあり方を象徴していよう。

武烈天皇は、人を苦しめることに喜びを感じるという奇妙な性癖《せいへき》があった。妊婦の腹を切り裂き胎児を取り出してみたり、人の生爪《なまつめ》をはがしたうえで芋《いも》を掘らせ、罪のない人を池に落とし、そこから流れ出るところを矛《ほこ》で刺し殺したという。猟奇事件といっていい。天下が飢えているときも、寒さで震えているときも贅沢三昧《ぜいたくざんまい》にふけり、酒池肉林《しゅちにくりん》をくり返したという。

このような暴君の即位の直前に、蘇我系の平群《へぐり》氏が犠牲になったのは、雄略天皇に蘇我系葛城氏が滅ぼされた事件を彷彿《ほうふつ》とさせている。また、中大兄皇子《なかのおおえのみこ》に殺された蘇我入鹿《いるか》でさえも、独裁王と蘇我の対決という図式に組み込むことも可能だ。

このような五世紀からつづく一本の流れを、注意深く見守ってほしい。

●五世紀の悲劇が八世紀の『日本書紀』を生んだ?

独裁を目指す天皇家と合議制を守ろうとする豪族層の対立は、意外なところにも影響を及ぼしていた。それが、ヤマト朝廷の古くからの友好国・伽耶《かや》だった。

雄略天皇は、何を思ったか、伽耶の隣国百済《くだら》の伽耶侵略を黙認するという行動にでる。この判断が、西暦五六二年の伽耶滅亡の遠因となっていくが、雄略は、国内に敵をつくった分、海外に味方をつくろうと焦《あせ》ったようで、その相手が百済だった疑いが強い。

閑話休題《かんわきゅうだい》。ここでクイズ。

『万葉集』という日本最古の歌集の記念すべき第一首は誰の歌だったか……。

答えは雄略天皇。「天皇の御製歌《おおみうた》」として次のようなものがある。

籠《こ》もよ　み籠《こ》持ち　掘串《ぶくし》持
ち　この岳《おか》に　菜摘《なつ》ます児《こ》
家聞かな　告《の》らさね　そらみ
つ　大和《やまと》の国は　おしなべて
われこそ居《お》れ　しきなべて
われこそ座《ま》せ　われにこそは
告《の》らめ　家をも名をも

［大意］籠もよい籠を持ち、掘串もよい掘串をもって、この岡で菜をお摘みの娘さん。

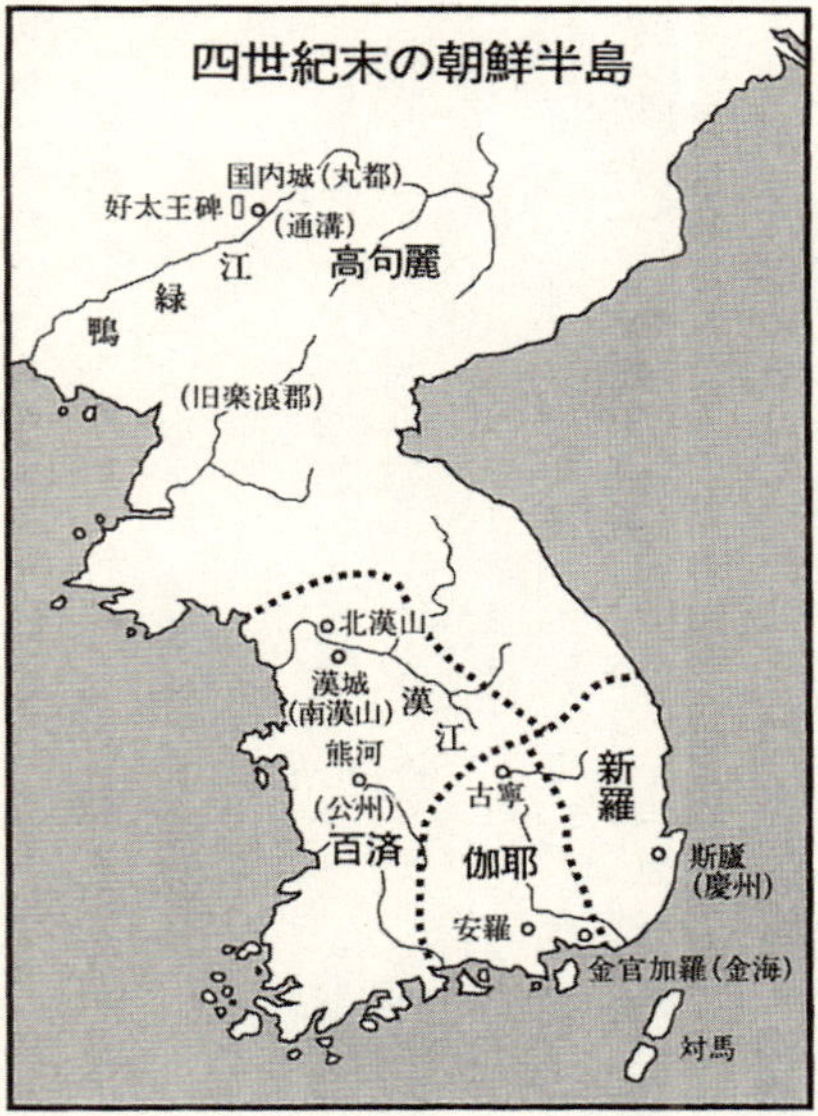

あなたの家は何処か聞きたい。言いなさいな。大和の国は私こそすべてを従えて一面に治めているのだが、私にこそは教えてくれるでしょうね。あなたの家をも名をも。（日本古典文学大系『萬葉集』岩波書店）

一見してのどかな歌にみえる。しかし、『万葉集』が雄略天皇の「御製歌」から始めたことに、深い暗示が込められているように思えてならない。だいたい、この歌は、妻《めと》を娶ろうとする歌であり、天皇の妻はおおよそが政略結婚と相場が決まっている。つまりこの歌は、「私がこの国を治めているえらい人なんだから」と結婚を強要している恐ろしいものかもしれないのだ。『万葉集』が歴史から抹殺《まっさつ》されたものどもの復活を願う歌集であった疑いが強く、いたるところに暗号がちりばめられていたことは、歴史作家・梅澤恵美子氏の著書に詳しい。

詳述は避けるが、この歌に「籠《かご》」がでてくるところもじつに怪しい。というのも、「籠」は、伊勢神宮外宮《げくう》の祭神・豊受大神《とようけ》を象徴するもので、この豊受大神が、のちに述べるように、ヤマト建国に重大な影を落としていたのだった。ひょっとすると、この歌は五世紀のクーデターを暗示していたのかもしれない。

『万葉集』の編者が、この歌を雄略天皇のものとしたうえで第一首にもってきたのは、雄略天皇の出現によって、ヤマト朝廷の歴史が大きく曲がっていったからではなかったか。なぜそういえるのかは、次の継体《けいたい》天皇の話に引き継ごうと思う。

謎に満ちた継体天皇

●先帝武烈天皇のご乱心

五世紀の混乱を招いたきっかけは雄略《ゆうりやく》天皇であって、その後、独裁を求める天皇家と、合議制に固執《こしつ》する豪族層の暗闘がつづいた。そして転機が訪れるのが、継《けい》体《たい》天皇の登場だった。

『日本書紀』に従えば、悪名高き武烈《ぶれつ》天皇の崩御後、武烈天皇に跡取りがなかったために、政局は混乱したという。ヤマト朝廷の同盟国で朝鮮半島の重要な足場だった伽耶《かや》は、新羅《しらぎ》に侵略を受けて衰弱していたから、一刻も早く皇位の空白を埋める必要があった。

さっそく朝廷は、第十四代仲哀《ちゅうあい》天皇五世の孫で丹波《たんば》国（現在の京都府中部と兵庫県東部）に隠棲《いんせい》していた倭彦《やまとひこ》王のもとに兵を差し向け、迎え入れようとする。

しかし、朝廷の兵を追っ手と勘違いした王は、山中に逃れ、行方《ゆくえ》知れずとなってしまった。

そこで、次に挙がった候補が、応神天皇五世の孫で越《こし》（北陸地方）の田舎貴族・男大迹《おおど》王（のちの継体天皇・以後継体）で、継体もやはり朝廷の申し出を一度は断わる。しかし度重なる説得に根負けして、ようやく重い腰を上げたのだった。継体はすでにだいぶ薹《とう》が立っていて、五十七歳だったというから、ヤマト朝廷もよほど人材がいなかった、ということか。

ちなみに、継体の父は越前《えちぜん》国三国《みくに》の坂中井《さかない》（福井県坂井郡三国町・坂井町周辺）の彦主人《ひこうし》王、母は近江国の高島郡三尾《みお》（滋賀県高島郡安曇川町）の垂仁《すいにん》天皇七世の孫・振媛《ふりひめ》だった。どうみても政局が安定していれば、わざわざ都につれてこられるほどの血筋とはいえない。

では、なぜ継体が擁立されたのだろう。古代史最大級の謎といってよい。『日本書紀』を読む限り、継体でなくてはならない理由はどこにもない。先帝武烈に子がないというけれども、『古事記』には武烈天皇には男の兄弟がいたとしている。周辺に多くの親族がいたはずなのに、なぜ仲哀天皇や応神天皇の五世の孫が必要だったのだろう。

三王朝交替説に従えば、継体は新王朝だったという。

武烈天皇が比類なき暴君として描かれていたのは、中国にいう易姓《えきせい》革命がこのとき起きていたのではないか、という発想だ。たしかに、中国では、前王朝の腐敗で人民が苦しみ、新王朝が天命によって樹立される、という発想があった。だからこそ、この「事実」を証明するために、歴史書が歴代王朝の手で綿々と書き継がれてきたものだ。この例に従えば、武烈天皇の「非道」はうまく説明がつく。そして、この継体の末裔《まつえい》が、今日の天皇家の祖だった、ということになる。

ただそうなると、一つの疑問が浮かぶ。八世紀の『日本書紀』を記した天皇家が継体の末裔とすると、なぜ彼らは三世紀の神武（崇神《すじん》）天皇の業績まで美化する必要があったのかが分からなくなってしまうことだ。

継体の謎は深く複雑なのだ。

●継体天皇の謎を解く任那日本府

継体《けいたい》天皇の謎をストレートに解き明かそうと思うと、間違いなく迷路にまよい込む。その前にはっきりさせておかなくてはいけないのが、伽耶《かや》と日本の関係だ。

教科書にでてくる「任那《みまな》」というものが、この伽耶のことで、「任那日本府」という単語を覚えているかもしれない。かつては日本の植民地であったと考えられていたが、実際には、両者は同盟関係という言葉がふさわしい関係だった。そして、『日本書紀』に従えば、雄略天皇の親百済《くだら》政策に対し、伽耶はヤマト朝廷を恨《にく》んだという。

そこで伽耶は天皇家とは一線を画し、もうひとつのヤマトと結びついていった節がある。ここにいうもうひとつのヤマトとは、要するに独裁王と対立した豪族層のことだ。

なぜ、このようなことがいえるのかというと、ヒントは「任那日本府」にある。欽明《きんめい》二年（五四一）、百済や新羅《しらぎ》に圧迫され滅亡寸前だった伽耶を復興するための会議が開かれたと『日本書紀』は伝える。そこには日本・百済・任那（伽耶）の代表が集まっていた。いかに新羅を伽耶から追い出すかが会議のテーマだったが、このののち、任那日本府は、会議の決定事項を次々に無視していく。

それだけではない。ヤマト朝廷の出先機関と考えられてきた任那日本府が、あろうことか天皇の命令を悉《ことごと》く無視している。このののちの任那復興会議への出席要請を断わり、伽耶諸国の一つ阿羅《あら》（阿耶《あや》）は、高句麗《こうくり》に対し、百済を攻めるようにそそのかしていたという。

天皇家と百済というラインに、伽耶は造反していたことは明らかだ。そして、ここで問題となってくるのが、伽耶滅亡後の彼らの末裔《まつえい》の動きなのだ。

阿羅からの渡来と考えられる東漢氏（これで「やまとのあや」と読む。阿羅・阿耶からきたから「あや」）は、七世紀、蘇我《そが》氏の側近として活躍していた。乙巳《いっし》の変《へん》に際し、最後まで抵抗を試みたのがこの一族で、その末裔には、東北征伐で名高い坂上田村麻呂《さかのうえのたむらまろ》がいる。

独裁志向の天皇家に反抗し、百済を憎んでいた阿羅、そしてこの地から亡命した東漢氏が、日本で蘇我氏に与《くみ》したのはじつに意味深長ではないか。ヤマト朝廷の「百済路線」を敷いたのが雄略天皇で、このとき伽耶は深くヤマトの変節を恨んだ。そして、雄略天皇は蘇我系葛城氏を滅ぼして政権を獲得している。

継体天皇

したがって、ここで五世紀から七世紀にいたる大きな二つの枠組みというものをはっきりと想定できる。それは、百済と結びついた天皇家、伽耶を選んだヤマトの豪族層で、後者を代表する豪族が蘇我氏だったということになる。

そこで継体天皇に話を戻すと、この天皇が「蘇我」

や「物部」といった「出雲」を代表する豪族と近かったということに気づかされる。たとえば、出身地北陸には、蘇我氏や尾張（物部）氏の強い地盤があったし、すでに触れたように継体天皇の出現後、蘇我氏が勃興している。すなわち、継体天皇は、独裁志向を目指す天皇家に嫌気のさした「出雲」によって擁立された天皇だったとはいえないだろうか。

●継体天皇と蘇我氏

『日本書紀』の中で、「鬼」とみなされた豪族がいる。それは物部《もののべ》・蘇我《そが》で、また出雲神《いずもしん》も鬼と考えられていた。たとえば、蘇我入鹿《いるか》は死後笠をかぶって空を飛び、鬼火となって斉明《さいめい》天皇の前に現われた。笠をかぶって身を隠すというのは鬼の象徴的な姿だった。出雲神は、神話の世界で、「葦原中国《あしはらのなかつくに》の邪《あ》しき鬼《もの》」と、はっきり「鬼」と呼ばれている。

ちなみに、鬼と書いて「もの」と読むのは、「もののけ」の「もの」と同義だったからで、また、「もの」は神と鬼の二つの属性を備え、八世紀に「鬼」のみの性格を強調されという事実がある。出雲神を代表する大物主神《おおものぬしのかみ》の「物」も、まさにここにいう「もの＝鬼」そのもので、出雲の末裔が「もののべ」だったのは、意味のないことではない。物部は「神の部」であり、「鬼の部」でもあった。しかし八世紀以降、彼らは鬼となったのだ。

それはともかく、日本だけでなく、海の外にも鬼の国があったと『日本書紀』は規定している。それが伽耶《かや》と新羅《しらぎ》で、『日本書紀』は日本に渡来した伽耶王子の額《ひたい》に「角《つの》」が生えていたと記録している。

再びここに、じつに単純な図式を見いだすことができるではないか。

雄略天皇が目指した独裁王権。このため雄略天皇は多くの豪族層の離反を招いた。雄略天皇に従ったのは、わずかに渡来系の二人の豪族だけだったとも『日本書紀』はいう。こののち天皇家と豪族層の主導権争いがつづいたのであろう。その過程で、天皇家は百済と、蘇我氏に代表される豪族層は伽耶や新羅と結びついた。そして八世紀、蘇我氏や物部氏を衰弱させることに成功した朝廷は、『日本書紀』を記し、天皇家と百済に背いた連中をみな「鬼」とみなしたのだった。

そこで再び継体天皇に注目してみると、この天皇が「鬼」とつながりをもつ天皇だったことが分かる。

継体天皇は北陸の田舎貴族だったが、この北陸と蘇我氏は強く結ばれていた。『先代旧事本紀《せんだいくじほんぎ》』には、この地域の国造《くにのみやつこ》に蘇我氏の家系が選ばれていたといい、また、北陸には、物部同族の尾張氏が固い地盤をもっていた。継体天皇が北陸で産ませた子（のちの安閑《あんかん》・宣化《せんか》天皇）は、どちらも尾張系の女人を母にもつ。

また継体天皇の祖は応神《おうじん》天皇で、この人物は蘇我氏の祖・武内宿禰《たけのうちのすくね》と深い絆《きずな》をもっていた。

こうしてみてくると、継体天皇が、独裁権力を欲した雄略天皇のような天皇とはべつの勢力によって担ぎ上げられたのであろうことは容易に察しがつく。その証拠に、継体天皇の末裔《まつえい》で蘇我系の皇族・聖徳太子《しょうとくたいし》は、合議制を尊重した憲法十七条を制定している。

●二朝併立はあったのか

第二十六代継体天皇の次に即位したのが安閑《あんかん》天皇で、さらに宣化《せんか》・欽明《きんめい》天皇とつづく。三人とも継体天皇の子だったと『日本書紀』は記録しているが、継体天皇から安閑・宣化とつづく王朝から欽明天皇は分裂したのではないかとする説がある。

それが二朝併立説で、その根拠となっているのは、まず第一に、『日本書紀』の混乱した記述にある。

「安閑即位前紀」には、継体二十五年（五三一）二月十日に継体天皇は安閑を即位させ、その日に亡くなったとあるが、『日本書紀』は安閑元年を西暦五三四年だったとするから、なぜか謎の三年間の空白がここに生じる。『古事記』は継体天皇の崩御《ほうぎょ》を西暦五二七年としていて、こちらも混乱している。『日本書紀』に従えば、これはまだ継体天皇が生きているときの話になる。

なぜ、継体天皇の周辺の年代設定がバラバラなのだろう。

『日本書紀』には、もうひとつ不可解な記事がある。継体二十五年春二月、継体天皇が崩御したが、じっさいには、継体天皇は二十八年に亡くなっていたと記録する異伝もあるという。それにもかかわらず、『日本書紀』が二十五年説を採用したのは、『百済本記《くだらほんき》』に次のように記してあるからだという。

すなわち、継体二十五年に高句麗《こうくり》の安蔵王が殺され、いっぽう日本では、天皇と太子、皇子が同時に死んだ、というのだ。つまり、継体と安閑・宣化がみな二十五年に死んでいた、ということになる。

なんとも不気味になってきた。

それだけではない。『上宮聖徳法王帝説《じょうぐうしょうとくほうおうていせつ》』にも、次のようにある。

それは、仏教公伝《こうでん》の年が『日本書紀』は欽明《きんめい》十三年（五五二）とするのに対し、『上宮聖徳法王帝説』はこれを欽明天皇のときとしながら、西暦五三八年のことだ

元興寺　蘇我馬子の建てた飛鳥寺を平城遷都にともない移した

ったとしている。この年代は、『日本書紀』に従えば宣化《せんか》天皇の時代にあたる。『元興《がんごう》寺《じ》縁起《えんぎ》并《ならびに》流《る》記《き》資《し》財帳《ざいちょう》』も同様の記事を載せている。

また、『上宮聖徳法王帝説』と『元興寺伽藍縁起并流記資財帳』の二つの文書を重ねてみると、欽明元年が西暦五三一年、つまり継体天皇の崩御の年と重なり、安閑・宣化の二人の天皇の入り込む隙間がなくなってしまうのだ。このため、二朝併立論が生まれた、ということになる。では真相はどうだったのか。

これはまだ憶測の域を脱していないが、継体天皇は、蘇我氏そのものだったのではないかという疑いを、筆者は抱いている。その証明はなかなか難しいが、そう思わせる証拠はいくつもある。蘇我氏の勃興《ぼっこう》がほぼ継体天皇と同時だったこと、しかも継体擁立に蘇我氏族がまったく関わっていないこと（つまり、彼らは擁立される側にいたのではなかったか）。さらには、継体天皇が応神天皇の末裔《まつえい》というところが引っかかる。その理由については、のちに触れよう。

骨肉の争いを演じた天智天皇と天武天皇

●古代史最大の争乱を起こした兄弟の確執

三世紀のヤマト朝廷誕生、五世紀の雄略《ゆうりゃく》天皇の出現の真相が分かってくると、古代史が面白いように解けてくる。

古代史は難しくはない、要は、このようなコツをつかめばいいだけのことなのだ。

三世紀半ば、ヤマト朝廷は合議制を大前提に誕生した。ところが、五世紀、朝鮮への軍事介入が、天皇家（大王家）を増長させ、実力をもったと勘違いさせた、ということになろう。これに対し、豪族層の巻き返しが継体天皇の擁立であって、こののち、乙巳《いっし》の変《へん》における蘇我入鹿《そがのいるか》暗殺が、中大兄皇子《なかのおおえのみこ》（のちの天智《てんじ》天皇）らの再逆転の賭《かけ》だった、ということにもなる。政局は何回も流転していたのだ。また、中大兄皇子が百済《くだら》救援に固執《こしつ》したのも、ここにくるとその意味が明確になってくる。

それでは、中大兄皇子らのもくろみは成功したのだろうか。

そうは問屋が卸《おろ》さなかった。中大兄皇子は無謀な百済遠征を目論《もくろ》み、失敗すると、民衆のブーイングをよそに、近江《おうみ》に都をつくり即位する。ところが、この「近江王朝」は長つづきしなかった。大海人皇子《おおあまのみこ》（のちの天武《てんむ》天皇）が、この王権と真っ向から対立し、民衆の支持を得て、天智天皇の死後、子の大友皇子と戦い、結局政権を奪い都を飛鳥《あすか》に戻してしまうからだ。これがいわゆる壬申《じんしん》の乱《らん》と呼ばれる政変劇だ。

『日本書紀』によれば、天武天皇は天智天皇の弟ということになる。父は舒明《じょめい》天皇、母は皇極《こうぎょく》（斉明《さいめい》）天皇と、本来ならもっとも信頼しあった仲であったはずだった。

ところが、この兄弟はそりが合わず、しょっちゅう衝突していたらしい。

藤原氏の伝承『藤氏家伝《とうしかでん》』によると、あるとき酒宴で両者は口論となり、大海人皇子は槍《やり》を床に突き刺し、激怒した天智は大海人皇子を殺そうとしたが、中臣鎌《なかとみのかま》足《たり》の取りなしでどうにか収まったという。

両者の確執は、額田王《ぬかたのおおきみ》をめぐる恋の鞘《さや》当てが原因だったのではないか、とする説がある。天智が大海人皇子から、この才媛《さいえん》をもらい受けていたが、『万葉集』には、額田王と大海人皇子の恋の未練が残され、兄弟の関係を複雑なものにしたのではないかとする。

また、近年、両者の外交政策の相異が大きな溝をつくったのではないか、と疑われている。大海人皇子は、天智の百済偏重《へんちょう》を面白く思っていなかったのではないか、とする。

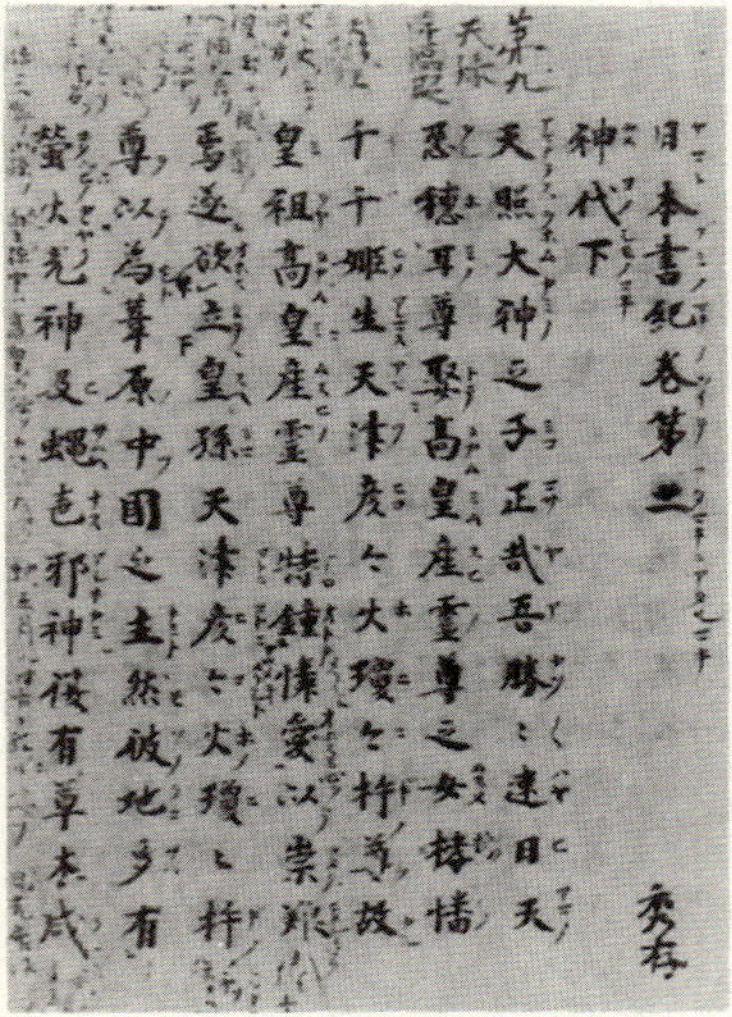

勅撰の歴史書『日本書紀』

実際、大海人皇子は即位すると、それまでの天皇家では考えられないほどの親新羅《しらぎ》政策を打ち出している。新羅と友好関係を構築し、さらに、百済からの亡命者を朝廷から干していた。

したがって、この考え方がもっ

とも真実に近かったはずだ。

では、どういう理由で天武天皇は新羅を重視したのだろう。

●なぜ素っ裸の天武が勝利を収めたのか

天武《てんむ》天皇の謎は、壬申《じんしん》の乱《らん》の中に多くのヒントが隠されている。

そこでその経過をたどってみよう。

天智《てんじ》天皇が近江《おうみ》に都を置き、即位したのが天智七年（六六八）のこと。その三年後に亡くなり、翌年壬申の乱が起きる。

きっかけは、天智十年八月、天智天皇が病《やまい》の床に伏し、枕元に大海人皇子を呼び出したことにはじまる。

大海人皇子を迎えにいった蘇我安麻呂《そがのやすまろ》は、「注意深く発言されますように」と忠告している。はたして、天智は大海人皇子に、即座に皇位を継承してほしいといい出す。

『日本書紀』に従えば、大海人皇子はこのとき天智の皇太子だったから、この発言はけっして突飛《とっぴ》なものではない。しかし、天智の「意中の人」は、大海人皇子ではなく、子の大友皇子《おおとものみこ》だったようで、いかに大海人皇子を潰《つぶ》すかが、天智の本心だった。

蘇我安麻呂の忠告に従って、大海人皇子は天智の申し出を断わり、出家して吉野に隠棲《いんせい》する。近江朝の人々はこのとき、「虎に翼を与えて放したようなものだ」と、地団駄《じたんだ》を踏んだという。

こうして吉野と近江の緊張したにらみあいがはじまった。天智の死後、先に動いたのは大友皇子だった。東国から兵力を集めようとしたのだ。危険を感じた大海人皇子は、吉野を捨て、東国に逃れる。

ここで不可解なことが一つある。それは、大海人皇子が東国に逃れただけで近江朝は浮き足立ち、多くの将兵が戦意を消失し散りじりになって逃げまどったというのだ。裸《はだか》同然で逃げた大海人皇子に対し、近江は朝廷の正規軍を握っていたはずなのに、これはどうしたことだろう。

そしてもう一つの怪奇現象。

大海人皇子側の本隊と対峙《たいじ》した近江の主力部隊の副将格に、蘇我果安《はたやす》がいた。犬《いぬ》上《がみ》川のほとりに陣を敷き、いざ決戦というそのとき、果安はあろうことか味方の大将を殺害し、近江軍は戦わずして総崩れとなっていたのだ。

主力部隊の空中分解によって近江の敗北は決定的となった。大海人皇子の軍は、こののち一気に近江を突き、あっけなく政権を奪い取るのだった。

それにしても、どういう理由で二人の蘇我氏は大海人皇子に肩入れしたのだろう。さらに不思議なのは、天智天皇の宿敵・蘇我氏の多くが近江朝の重臣として入り込んでいたことだ。どうにも壬申の乱の周辺には分からないことが多すぎる。

●謎に満ちた図式

もうひとつ壬申の乱には謎がある。

それは、東国の雄族・尾張《おわり》氏のことだ。

『続日本紀《しょくにほんぎ》』によると、東国に逃れた大海人皇子《おおあまのみこ》を最初に出迎えたのは尾張氏だったという。ところが、『日本書紀』はこの大切な事実をまったく無視してしまっている。尾張氏といえば、東海・北陸はもとより、信州・越後《えちご》にまで影響力をもった大豪族で、この一族が勝敗の行方《ゆくえ》のいまだ分からない段階で大海人皇子に加勢した意味はとてつもなく大きい。それにもかかわらず、『日本書紀』はどういう理由で尾張氏の記事を削除してしまったのだろう。

大海人皇子の名は、尾張同族・大海氏からきているとされている。それほど両者の関係は親密だったのだ。

ここでキーワードになってくるのは、やはり「出雲《いずも》」だ。何度もいうように、尾張氏も蘇我氏も物部同族で、どちらも出雲に関わっていた疑いが強い。そしてその出雲の豪族は、合議制を守ろうとする勢力の中心にあったはずだ。したがって、五世紀以来つづいた天皇家と豪族層の確執が、この壬申の乱で一気に吹き出したとはいえないだろうか。そして、だからこそ、『日本書紀』はこの事実をひた隠しにしたのではなかったか。

だいたい、裸同然に吉野に逃れた大海人皇子が、いくら東国の尾張氏のもとに逃げたからといって、そう簡単に朝廷の正規軍に勝てるものではなかったろう。それがあっけなく圧勝してしまったのは、民衆と豪族のはば広い支持を取りつけていたからだろう。

天武天皇

ただ、そうなってくると、なぜ人々は〝天智《てんじ》の弟〟に期待したのか、ということになる。

近年、急速に高まりつつあるのは、天武天皇がほんとうに天智天皇の弟だったのか、という疑問なのだ。というのも、中世の文書の中で、天武は天智の「兄」として描かれているためだ。

通説は、中世文書に書いてあることなど、『日本書紀』の信憑性《しんぴようせい》と比べたら月とすっぽんと、まったく相手にしない。『日本書紀』が正史であること、もっとも近い位置での目撃者であったことからだ。しかし、近くにいたから証言が正しいというのは詭弁《きべん》にすぎない。近くにいたから「嘘《うそ》」をつく、ということもありうる。遠くにいたから客観的な判断ができる、ということもいっぽうの真実だろう。

では、天武天皇とは何者だったのだろう。

大和岩雄《おおわいわお》氏は、天武天皇の母皇極《こうぎよく》（斉明《さいめい》）天皇が舒明《じよめい》天皇の皇后になる前、蘇我系の高向《たかむく》王と結ばれ漢皇子《あやのみこ》を産んでいることに注目し、この漢皇子こそが天武天皇の正体にちがいないと推理した。かりに中世文書のいうように、天武天皇が天智よりも年上とすれば、当てはまるのは漢皇子をおいて他には考えられないからだ。

私見もこの説を採る。漢皇子の「漢」は、蘇我氏に近侍した東漢《やまとのあやうじ》氏を連想させる。天武天皇に蘇我氏が与《くみ》した理由もこれで解ける。そうであればこそ、民衆も蘇我系の天武天皇に期待したのだろう。

●天武天皇の皇親政治の謎

天武《てんむ》天皇には、まだまだ謎がある。

政権奪取後、飛鳥《あすか》に都を戻し即位した天武天皇は、ここから豪族層を無視し、身内の皇族だけで政局を運営する。これがいわゆる「皇親政治《こうしん》」というもので、通説は、壬申《じんしん》の乱《らん》によって旧大豪族が没落し、天武天皇に権力が集中したのだろうと決めてかかっている。

しかし、どう考えてもこの事態は不可解なのだ。

天武天皇が壬申の乱で雪崩《なだれ》のように勝利したのは、民衆と豪族の支持があってこそのことだった。であるならば、彼らを無視した政局運営は不可能だったろう。それにもかかわらず、皇族だけで朝廷を独占するかのような動きは何を意味していたのか、もう少し深く考える必要がある。

解きようのない矛盾《むじゅん》。しかし、ヒントがないわけではない。天武天皇が目指した「律令《りつりょう》制度の整備」の中に答えは隠されていると筆者はみる。

さて、すでに触れたように、律令の先鞭《せんべん》をつけたのは、蘇我系皇族の聖徳太子《しょうとくたいし》だった。通説はこの改革事業を潰《つぶ》したのが蘇我氏で、継承したのが中大兄皇子《なかのおおえのみこ》とするが、この図式はじつに怪しい。これは、蘇我氏を悪役に仕立て上げるための方便であり、明らかな嘘《うそ》であろう。ほんとうの改革者は、むしろ蘇我氏のほうであったにちがいない。そして、蘇我氏の息のかかった天武天皇も、同様に改革者であったはずだ。

問題は、日本の律令の内容にある。

律令は、ほぼ八世紀で整うのだが、この法体系の中で、天皇という存在は、まさに象徴といってよかった。国政の最高機関、太政官《だいじょうかん》で審議された案件に目を通し、追認するというのが天皇に許されたせめてもの「政治力」だった。行政は天皇印の押された書類が発行されてはじめて動き出したが、その天皇の印ですら、太政官に管理されていたものだ。

天武天皇が急いだ律令の整備の先には、このような天皇の権力を骨抜きにする内容が含まれていた。とすると、天武朝の皇親政治とはいったいなんだったのか、という謎に舞い戻る。

簡単なことなのだ。ヒントは律令制度のもうひとつの柱である土地政策と人事制度にある。

それまで、土地は各地の豪族たちの手の中にあった。これをいったん国の所有にして、戸籍をつくり、人々に公平に土地を分配し、効率的に税を取り立てよう、というのが律令の基本にあった。そして、土地を手放した豪族には、力に見合った官位と役職が与えられた……。

これで、天武天皇の皇親政治の本質が分かるはずだ。

要するに、天武天皇は律令を開始するための方便として権力を与えられ、公平な采配を期待されたと考えればすべての辻褄《つじつま》が合ってくる。天武天皇が多くの支持を受けていたからこそ、いったん強大な権力をもたせ、一気に土地の分配と豪族の官位・役職を決めようとしたのだろう。

鬼の帝・聖武天皇

●絵に描いたような藤原の子

五世紀来の天皇家と豪族層の確執《かくしつ》は、天武《てんむ》天皇の出現によって、新たな展開を迎えたのだった。しかし、中臣《なかとみの》(藤原)鎌足《かまたり》の子・藤原不比等《ふひと》の復活によって、事態は思わぬ方向へ進むこととなる。

このあたりの詳細は、持統《じとう》天皇の場面で説明しようと思うが、ここで簡単にいってしまうと、天武天皇の遺業を引き継ぐという大義名分のもと、藤原不比等は律《りつ》令《りょう》を悪用し、他の豪族を衰弱させ、藤原の天下を築いたのだった。

そして、独裁体制を固めるために不比等が取った手段は、律令という法体系を「自家」の都合のよいように解釈《かいしゃく》することだった。

こうして藤原氏の独裁は盤石《ばんじゃく》なものとなっていく。そして仕上げは、藤原氏から出た天皇を擁立し、傀儡《かいらい》にしていくことだった。その最初の天皇が、聖武《しょうむ》天皇ということになる。母は藤原不比等の娘・宮子《みやこ》、皇后はやはり藤原不比等の娘・光明子《こうみょうし》と、絵に描いたような「藤原の子」ということが分かる。

このためかどうか、聖武天皇というと、どこか線の細い、弱々しいイメージがつきまとう。しかも、この帝《みかど》は理由なき彷徨《ほうこう》をくり返し、行動に不審な点があったから、「ノイローゼ」という評価や、「権力に翻弄《ほんろう》された帝」という烙印《らくいん》を押されている。

ところが、この天皇の行動を追っていくにしたがい、奇妙な感覚を味わわされる羽目に陥る。ほんとうに聖武天皇は「ひ弱」な天皇だったのだろうか。猫をかぶっていただけなのではないか。したたかな本性というものが、『続日本紀《しょくにほんぎ》』の行間からにじみ出ていはしまいか……。

だいたい、長屋《ながや》親王の祟《たた》りで藤原四兄弟が全滅してから、「藤原の子・聖武天皇」は、藤原のコントロールがまったく効《き》かなくなってしまっている。

天平十二年（七四〇）十月、九州で藤原氏の一部が反乱を起こしているさなか、聖武天皇は関東行幸に出発してしまう。

「思うところがあってしばらく関東に行幸する。時期が悪いとはいえ、やむをえない。将軍はこれを知っても驚いたり怪しんだりしないでほしい」

こういい残して、聖武天皇は平城京《へいじょうきょう》から姿をくらました。行き先は、伊賀《いが》・美濃《みの》・不破《ふわ》（関ヶ原）・近江《おうみ》、そして山背《やましろ》国の恭仁京《くにきょう》だった。

平城京跡に復元された朱雀門

このコースは、まさに天武天皇の壬申の乱そのもので、この行動は、重大な意味をもっていたはずだ。すなわちこれは、藤原四兄弟亡きあと、虎視眈々《こしたんたん》と次の手を打とうとしていた藤原仲麻呂《なかまろ》に対する牽制《けんせい》にほかならない。壬申の乱で藤原不比等は完璧に没落し、以後天武朝で干されたという苦い経験がある。

したがって、謎の聖武天皇の関東行幸は、一般にいわれているような、乱からの逃避行などではなく、藤原への挑戦だったとしか考えられない。

●何が聖武天皇を突き動かしたのか

聖武《しょうむ》天皇と藤原の確執が、これまでまったく顧みられなかったのはなぜだろう。それは、聖武天皇の体の中に濃厚な藤原の血が入っていること、皇后が藤原（光《こう》明子《みょうし》）であったということからくる先入観が邪魔をしていたからだろう。しかし聖武天皇は、藤原と藤原の支配する「律令《りつりょう》」を心底憎んでいた気配がある。

たとえばその象徴が東大寺だ。

かつての唯物史観《ゆいぶつしかん》に従えば、東大寺は天皇権力の民衆に対する搾取《さくしゅ》ということになろうか。たしかに、聖武天皇の大仏発願《ほつがん》の詔《みことのり》は強烈な言葉に満ちている。

「天下の富と権力は自分にある。だからこそ大仏を建立する」

というのだ。これをみれば、権力者のおごりを想像しがちだ。ところが、聖武天皇はこの詔の中で、次のようにもいっている。

「大きな富によって大仏を形にするのはなしやすいだろう。しかし、私がほんとうに意図していることはなかなか成就しがたい。恐れているのは、人々がこの事業で困憊《こんぱい》し、聖《ひじり》の心を理解できないことだ。だから役人は、人々に事業への強要をしないように。また、どんな小さなことでもいいから協力してくれる人があれば、参加を許すように」

どうにも前後の文章に矛盾《むじゅん》がある。権力と富は自分にあるという傲慢《ごうまん》さ。いっぽうで民衆をいたわる名君。いったいどちらがほんとうの聖武天皇なのだろうか……。

どちらも聖武天皇の本心だったのではないか。すなわち、前者が藤原に対する言葉で、後者が民衆に対する言葉とすればどうだろう。矛盾はなくなる。

その証拠に、東大寺の原型は、まさしく民衆の手による民衆のための寺院だったのだ。

聖武天皇が河内《かわち》に行幸したときのこと、智識寺《ちしきじ》を訪れた聖武天皇は、そのあり方に感動し、自分も同じものを建立したいと願ったのが発端だった。ここにいう智識寺とは、多くの有志（これを智識という）が集まって、金や労働力を出し合って寺を建立したもので、国家や大豪族が建立していたそれまでの仏教寺院とは、根本的に発想を異にしていたものなのだ。

すなわち、東大寺は天皇家の寺であるとともに、民衆の寺でもあった、ということになる。そして、これから述べていくように、東大寺建立に、藤原氏らによって迫害されたアウトサイダーたちが関わってくることをもってしても、この寺と聖武天皇の特異性が浮かび上がってくる。

●葛城山と聖武天皇の知られざるつながり

東大寺といえば、行基《ぎょうき》を思い浮かべる。

行基を抜擢《ばってき》したのは聖武《しょうむ》天皇で、結局この人物は、仏教界のトップ・大僧正《そうじょう》にまで上り詰め、東大寺建立に貢献している。

問題は、行基が律令《りつりょう》制度の根本を揺るがしかねない活動をしていたことで、朝廷から弾圧を受ける立場にあったということなのだ。それにもかかわらず、聖武天皇が政権の内部に引きずり込んだのはなぜだろう。

天平《てんぴょう》時代は天変地異《てんぺんちい》が相次ぎ、農民は律令制度の過酷な取り立てによって疲弊《ひへい》していった。このころ、税は都まで直接もっていかなければならなかったから、途中で行き倒れになったり、土地を手放し逃亡するものがあとを絶たなかった。

そこで行基は、各地に橋を架《か》け、道をつくり、貧しい人々を救済したのだった。当然人気は高まり、行基のもとで私度僧《しどそう》（優婆塞《うばそく》・非公認の僧）となるものが続出

東大寺　聖武天皇の発願によって造営された

した。

「僧」は納税の義務を免れたが、「僧」になるには朝廷の審査と許可を必要とした。そうしなければ、人はどんどん「僧」になって、納税しなくなり、律令制度の根本が崩壊してしまう。したがって、朝廷も行基の活動を無視できなくなっていった。

行基らは都（平城京《へいじょうきょう》）の東側の山に数千人、多いときで一万人が集まって気勢をあげていたというから、半端ではない。

『続日本紀《しょくにほんぎ》』養老《ようろう》元年（七一七）四月の条には、次のようにある。

「小僧（行基に対する蔑称《べっしょう》）行基は、弟子らとともに出没し、徒党を組み、いたずらに説教をし、ものを乞い、聖道と偽《いつわ》って人々を幻惑《げんわく》している。風俗は乱れ、みな仕事を放り出してしまっている。これはほんとうの仏道ではなく、法令にも違反している」

こういって、朝廷は行基らの集団を弾圧していった。

律令は藤原の都合のよいように解釈できる「魔法の法律」だから、律令の崩壊は藤原権力の没落を意味する。彼らは必死になって行基を追いかけたにちがいない。

ところがあろうことか、その行基を、聖武天皇は認めてしまったのだった。認めたばかりか、行基らの活動のひとつ、智識寺のあり方に感動し、都に巨大な智識寺の建立を強く願ったのだ。これは、藤原に対する当てつけであり、藤原のための律令に対するせめてもの抵抗だっただろう。

●鬼の帝・聖武天皇

行基《ぎょうき》は葛城山《かつらぎ》の高宮寺で受戒《じゅかい》している。この高宮寺は蘇我《そが》氏とも強い因果で結ばれているのだが、天平《てんぴょう》を代表する僧・行基が「葛城」から出現したことが、歴史に重大な影を落としている。

葛城山といえば、葛城氏や尾張氏といった「出雲《いずも》」から派生した諸豪族が深くかかわったが、蘇我氏もここが本貫地《ほんがんち》だったとしている。「出雲の国の造《みやつこ》の神賀詞《かむよごと》」の中で、葛城山に出雲の神がいて、天皇家の守り神になると誓っている。「葛城」は明らかに「出雲」の山だ。

いっぽう五世紀の暴君・雄略《ゆうりやく》天皇は、葛城山の主・一言主神《ひとことぬしのかみ》を四国に流してしまっている。ここにある一言主神は、出雲神・言代主神《ことしろぬしのかみ》（事代主神）と同一だろう。独裁を目指す王家にとって、軍事的にも経済的にもヤマトの要《かなめ》に位置する「葛城」は、邪魔で仕方がなかった。

のちに、蘇我氏のガードマン的存在になっていく東漢氏《やまとのあやうじ》も、この葛城山麓を本拠地に選んでいる。蘇我入鹿《いるか》がこの葛城山から鬼となって飛んでいったという話、葛城山で修験道《しゆげんどう》を創始した役行者《えんのぎようじや》が吉野に隠棲《いんせい》していた大海人皇子《おおあまのみこ》を助けたという話も、ことここにいたり、重要な意味をもっていたことに気づかされる。

行基

藤原四兄弟の滅亡後、聖武天皇に抜擢《ばつてき》されて頭角を現わした行基や、のちに平城京を震撼《しんかん》させる道鏡《どうきよう》も、葛城で修行した人々だ。

それにしても、なぜこの時期、葛城がこんなに元気だったのだろう。

簡単なことなのだ。八世紀以前の日本の「神道」は、物部氏《もののべ》に代表される「出雲」を中心に回っていた。じつをいうと、神道祭祀に深くかかわっていた「中臣《なかとみ》氏」も、出雲からニギハヤヒとともにヤマトにやってきた一族だった。この中臣氏の名を奪ったのが百済王《くだらおう》・豊璋《ほうしよう》（中臣鎌足《なかとみのかまたり》）で、要するに、八世紀以降の「中臣神道」とは、太古からつづく日本の宗教観ではなく、藤原氏にとって都合のよいように脚色されていったものだったのだ。そして、それまでのほんとうの神道の継承者たちは、地下に潜り、新たな潮流を模索していく。その一大センターが葛城であり、太古の宗教観は、「修験道」となって実を結んでいったものだ。

中世、藤原氏らの貴族社会の没落によって、鎌倉幕府が誕生し、日本版ルネッサンスともいうべき鎌倉仏教が勃興するが、その教祖たちのことごとくが修験道と浅からぬ因縁をもっていたのは、遠い民族の記憶の断片が、ここで復活したから、といえるかもしれない。

こうしてみてくると、葛城を認めた聖武天皇という存在の大きさがみえてくる。この人物は、アウトサイダーとつながることで、藤原俗政権と対決したのであって、その精神は、中世を先取りしていたといえるかもしれない。

第三章

時代の転機に出現した女傑たち

談山神社十三重塔

コラム
——大和魂から大和撫子へ

最近、散歩の途中で、ささやかながら奇妙な事件に出くわす。

大きく「大和魂《やまとだましい》」とプリントされたTシャツを着込んだ青年と、たびたびすれ違うのだ。がっしりとした武闘系で、いかにもまじめそうな面《おも》もち。素っ気ない顔をしてこちらに歩いてくる。

会うたびにそのTシャツを着ているから、よほど思い込みをもった言葉なのだろう。「大和魂」はすでに死語となっているが、だからこそ、どうにもおかしくてならない。

こちらとしては、「大和撫子《なでしこ》」とプリントしたTシャツを着込んで、一度彼の前を通り過ぎてみたいと願っているのだが、そんなTシャツ、どこかで売っていないだろうか。彼がどういう顔をするか、想像するだけでも楽しい。

それはともかく、今や女性の時代だ。

女性の考案した商品が次々とヒットするように、優秀な女性の人材を確保し、いかに才能を引き出していくかがこれからの企業に求められている。古い因習《いんしゅう》に固執《こしつ》する頭の固い男性役員がのさばっている会社に未来はない。

オリンピックでも、女性の活躍ばかりが目立つ。これからの日本を背負って立つのは女性ではないかとも思えてくる。本来日本では、女性が主導権を握っていた時代が長くつづいたものだ。

地球レベルでみれば、おそらく「ハード・もの・物質」の時代から「ソフト・精神・魂」の時代へと移行している、ということだろう。男には「もの」がついているが、女には「もの」がついていない。この差は想像する以上に、大きいのだ。

太古《たいこ》の日本の宗教や呪術《じゅじゅつ》が国の命運を左右していた時代、カリスマ性をもった女性たちが活躍し、時代の転換期には数々の女傑が生まれた国だ。この混迷の時代を救うのも、やはり女性なのかもしれない。

謎に満ちた三世紀の女王・卑弥呼

●知っているようで知らない卑弥呼の正体

古代史でもっとも有名な女性といえば、卑弥呼《ひみこ》ということになる。しかし、卑弥呼がどのような人物で、何をしたかというと、正確なところはほとんど知られていない。邪馬台国《やまたいこく》の女王だった、とはいうけれども、正確にいうとそれも間違いだ。卑弥呼は倭国《わこく》の女王で、その「首都」、女王のおわしますところが邪馬台国だった、というのが本当のところなのだ（このあたりの事情は、大和岩雄氏の著書に詳しい）。

卑弥呼は、中国の二十四史のひとつ『三国志』に記録された女人だ。『三国志』の「三国」とは、後漢《ごかん》ののちの魏《ぎ》・呉《ご》・蜀《しょく》の鼎立《ていりつ》状態をさす。『三国志』というと、どうしても『三国志演義《えんぎ》』を思い浮かべるが、こちらは小説で、劉備《りゅうび》・関羽《かんう》・張飛《ちょうひ》・諸葛孔明《しょかつこうめい》・曹操《そうそう》・孫権《そんけん》の名はよく知られるところだ。卑弥呼もほぼこの英雄たちと同時代人で、曹操の建国した魏の『魏志《ぎし》』倭人伝《わじんでん》の中に当時の日本列島の様子がでてくる。

『魏志』倭人伝の特徴は、周辺の諸国に比べて、記述が克明なことで、なぜそうなのかについては、はっきり分かっていない。

さて、それはともかく、『魏志』倭人伝には、朝鮮半島の魏の拠点のひとつ帯方《たいほう》郡《ぐん》からみて「倭人」は東南大海の中にあるとしたうえで、邪馬台国に至る行程が詳述されている（のちに紹介）。その後に倭人の風俗が語られ、それから卑弥呼擁立のいきさつが記されている。

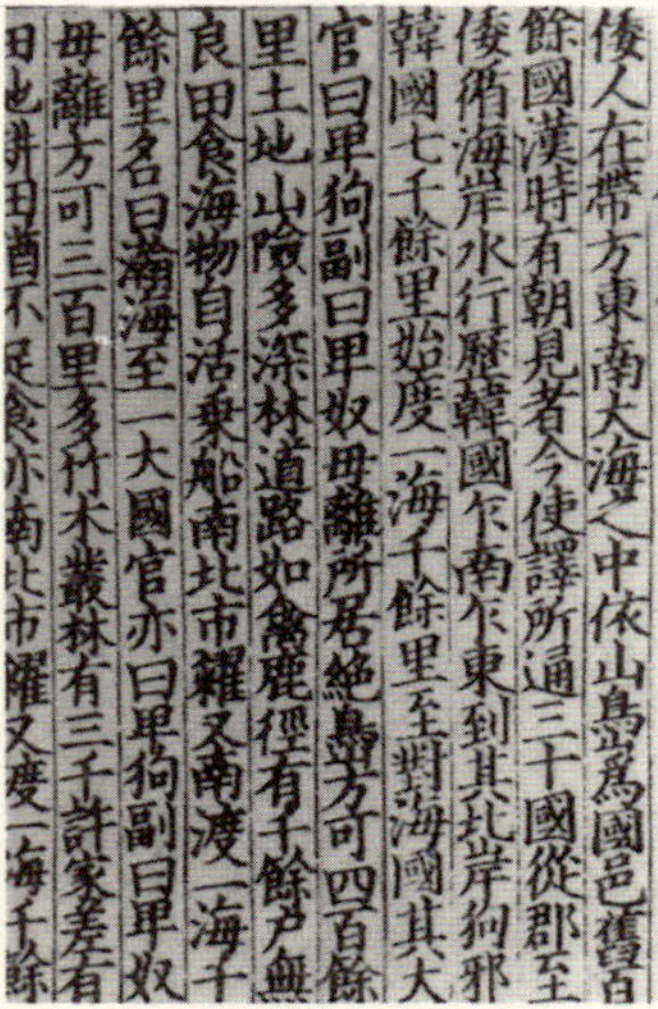
倭人傳
倭人在帶方東南大海之中依山島爲國邑舊百
餘國漢時有朝見者今使譯所通三十國從郡至
倭循海岸水行歷韓國乍南乍東到其北岸狗邪
韓國七千餘里始度一海千餘里至對海國其大
官曰卑狗副曰卑奴母離所居絶島方可四百餘
里土地山險多深林道路如禽鹿徑有千餘戸無
良田食海物自活乘船南北市糴又南渡一海千
餘里名曰瀚海至一大國官亦曰卑狗副曰卑奴
母離方可三百里多竹木叢林有三千許家差有
田地耕田猶不足食亦南北市糴又度一海千餘

『魏志』倭人伝の冒頭部分

「その国、もと男子を以《もっ》て王となし、住《とど》まること七、八十年」

つまり、卑弥呼以前、倭国には男王がいて、七十から八十年統治していた。しかし倭国は乱れ、長く戦乱がつづいた。そこでともに一人の女王を立てて王とした。名づけて卑弥呼という。鬼道《きどう》を駆使《くし》し、よく人々を惑《まど》わした。高齢だが（原文は長大という表現になっている。三十過ぎというところか）、夫はなく、男弟が卑弥呼をよく補佐して国を治めていた。卑弥呼が王となってからこのかた姿を見たものは少なく、婢《ひ》千人をはべらせていた。ただ一人の男子だけが飲食の世話をするために館に出入りしていたという。

この卑弥呼が、景初《けいしょ》三年（二三九）に魏《ぎ》に朝貢すると、魏は「親魏倭王」の称号と金印を授け、魏の役人が倭国に常駐することになったとする。

卑弥呼の死は突然やってくる。それは、西暦二四七年から二四八年ころのことで、それは狗奴国《くなこく》との交戦中のこととしている。この狗奴国とは熊襲《くまそ》のことではないかともいわれ、とにかく、卑弥呼がこの戦闘で死んだ可能性が高い。

これが、『魏志』倭人伝に描かれた卑弥呼の姿だ。

●邪馬台国の何が大切なのか

『魏志《ぎし》』倭人伝《わじんでん》は、卑弥呼《ひみこ》の死後、男王が立てられたが国中服さず、再び戦争が起き、千余人が犠牲になったという。そこで卑弥呼の宗女《そうじょ》で十三歳の台与《とよ》（壱与《いよ》）が立てられ、ようやく混乱は収まったとしている。

それにしても、なぜ邪馬台国《やまたいこく》はこれほどまでに騒がれ、多くのファンを引きつけてやまないのだろうか。

まずいえることは、邪馬台国に謎が多いということ、そして、邪馬台国は二世紀後半から三世紀にかけての「事件」で、ちょうどヤマト建国の時代と重なってくることが大きな意味をもってくる。

つまり、中国の王権から正式に認められた倭国《わこく》であるならば、三世紀半ばに成立したであろうヤマト朝廷と同一であった可能性もでてくるわけで、日本史の根幹が邪馬台国の解明によってほぼ明らかになると考えられている、ということになる。

しかも、邪馬台国が「ヤマト」と読めること、『隋史《ずいし》』の中で、邪馬台国がヤマトと読まれ、ヤマト朝廷と同一視されているところからも、邪馬台国はヤマトと関連づけて考えられてきたものだ。

すでに江戸時代、国学の隆盛に伴って、多くの国学者がすでに邪馬台国問題に論及している。

明治時代になると、畿内《きない》説を採《と》る京都大学と、北部九州説を採る東京大学という二大学閥の図式をもって、今日に至る邪馬台国論争が展開されてきたのだった。

それでは二つの学閥の主張はどのようなものだったのか。それを知るためには、まず帯方郡《たいほうぐん》から邪馬台国に至る行程を簡単にみていこう。

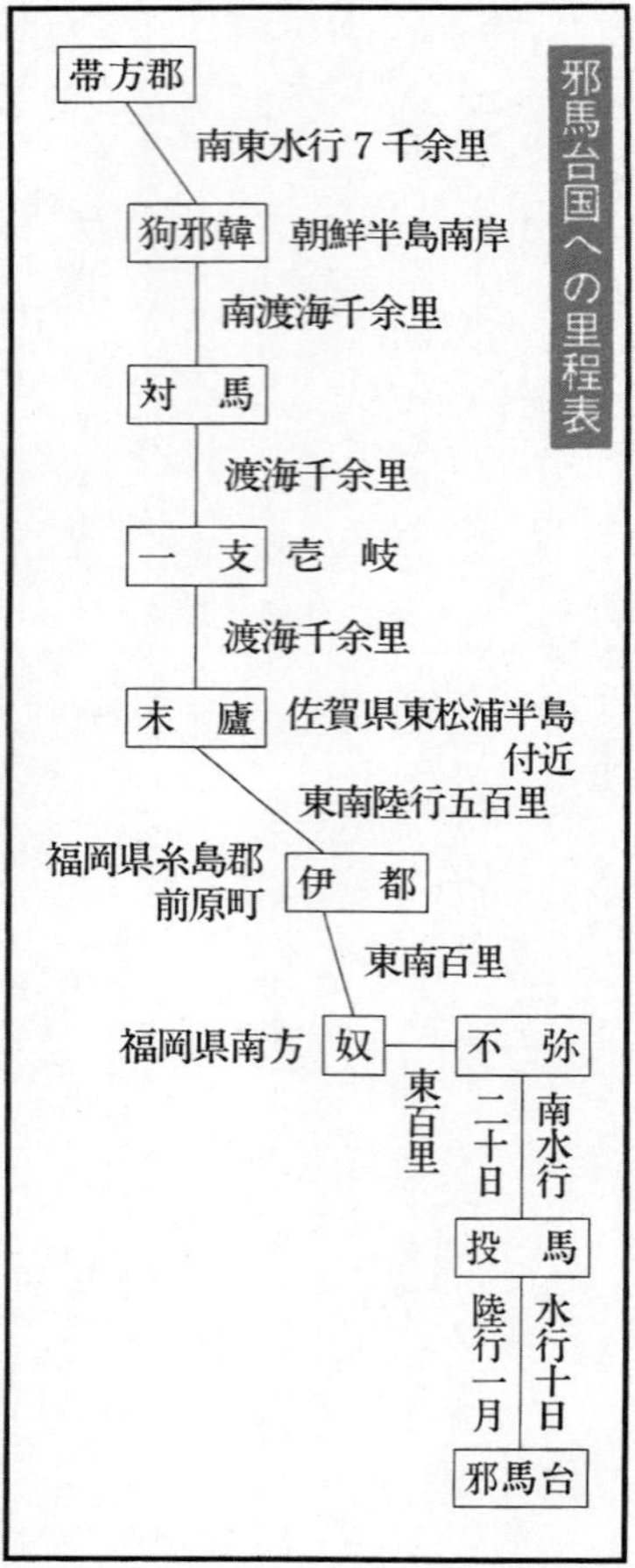

まず記述は朝鮮半島北部の帯方郡からはじまる。ここから海岸に沿って航海し(水行)、半島最南端の狗邪韓国《くやかんこく》(のちの伽耶《かや》付近)には七千余里、ここから海を渡り対馬国《つしまこく》まで千余里、一支国《いきこく》(壱岐《いき》)まで千余里、さらに千余里で末盧国《まつらこく》(肥前《ひぜん》松浦郡・現在の唐津《からつ》付近)に至る。これで北部九州に上陸したことになる。

ここから東南に歩いて(陸行)五百里で伊都国《いとこく》(糸島《いとしま》郡深江付近)、東南奴国《なこく》に百里で至る。東南に奴国《なこく》、やはり百里、さらに東に不弥国《ふみこく》があって百里。

そして、邪馬台国論争の最大の問題点が、このあとに記されている。すなわち、南、投馬国《つまこく》に至るには水行二十日。南、邪馬台国に至るには、水行十日陸行一月かかる、というのだ。

奴国や不弥国は、現在の博多周辺の国であったことは間違いないから、そこから邪馬台国までは、南の方角に、船で二〇プラス一〇、さらに歩いて一月かかる、というのだ。これでは、九州はるか南方の海上に沈んでしまうことになる。

そこで、この記事をどうやって日本列島に収められるか、百年論争が勃発した、というわけだ。

畿内《きない》説は南を東と考えれば、ちょうど邪馬台国はヤマトに重なるといい、北部九州説は、南を東と読むのはナンセンスで、自然に解釈すれば、九州に収まる、としている。

●考古学が明かす邪馬台国

邪馬台国《やまたいこく》論争には数限りない説があって、すべてを網羅することは不可能だ。百人いたら百の説がある状態で、決定的な推理というものはまだない。だから、だれでも推理に参加することができるわけで、それが古代史ファンを増やしている一つの原因といってよいだろう。

しかし近年、邪馬台国は畿内《きない》説で決まった、と豪語する学者が増えている。とくに考古学者は強気で、九州はありえない、といっている。それはなぜだろう。そして、ほんとうに卑弥呼《ひみこ》の邪馬台国はヤマトにあったのだろうか。

畿内説を有力視させているのは、三世紀の遺物が続々と発見され、この当時、北部九州が衰退していたこと、これに反比例するように、ヤマトが発展していたことがしだいに明らかになってきたからだ。

『魏志《ぎし》』倭人伝《わじんでん》に記された卑弥呼の直前の倭国の乱は、それまで朝鮮南部の鉄資源を北部九州が独占していたものを、瀬戸内海から畿内にかけてのグループが奪取したものと考えられるようになった。そして、三世紀、三輪山《みわ》に纏向《まきむく》遺跡という人工都市がつくられ、三世紀半ば、それはちょうど卑弥呼の死の直後、巨大な前方後円墳がヤマトに誕生していたのだった。三輪山の山麓の箸墓《はしはか》は、『日本書紀』にもヤマトを代表する「巫女《みこ》」(神子《みこ》)の墓だったと記されていた。

それだけではない。『魏志』倭人伝には、魏の皇帝が倭国に、銅鏡百枚を授けたと記録してある。各地の古墳から出土する三角縁神獣鏡《さんかくぶちしんじゅうきょう》こそが、卑弥呼のもらい受けた鏡だったのではないかという疑いがでてきた。三角縁神獣鏡のなかには、卑弥呼が魏に朝貢《ちょうこう》した景初《けいしょ》三年の銘のある鏡があって、話は符合する。しかもこの鏡は、畿内を中心に分布していることが分かっている。

これだけ証拠が集まれば、考古学者が邪馬台国畿内説を採《と》るのはもっともなことといえよう。

卑弥呼が、三輪山の麓《ふもと》の秀麗な箸墓に眠っていた可能性は高くなるばかりなのだ。しかし、どうもすっきりしない。パズルの最後の一枚がかけていて、最初からやり直したほうが分かりやすいのではないかと思えてくる。

これは、はたして筆者だけのひねくれた感想なのだろうか。ひとつひとつの証拠が、微妙にずれているように思えてならないのだ。

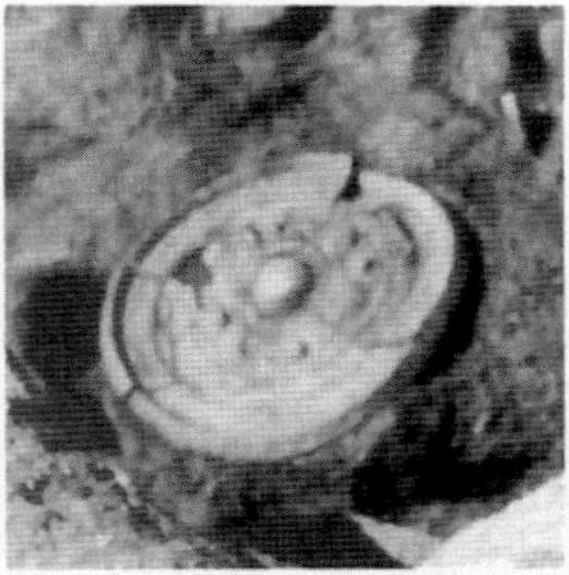

黒塚古墳出土の三角縁神獣鏡

たとえば、卑弥呼の墓は『魏志』倭人伝の記述では円墳だったはずなのに、なぜ箸墓は前方後円墳なのか。景初三年銘だけでなく、あるはずのない景初四年銘まで出土しているのはなぜか。

卑弥呼が鏡を百枚もらっていたとしても、三角縁神獣鏡がすでに四百枚も出土し、このペースでいけば、全国から千枚近くでてくるのではないかとされている。これはいったいなんだろう。

●卑弥呼の謎の死

もうひとつ不審なのは、『日本書紀』の態度なのだ。すでに触れたように、『日本書紀』はヤマト朝廷の誕生を熟知していて、だからこそ真相を闇に葬るために、初代天皇を二人用意し、ひとつの事件を二人の人物に振り分けた。

とするならば、『日本書紀』はヤマト建国の同時代史「卑弥呼」のことも詳しく知っていたであろう。その証拠に、『日本書紀』の本文には、『魏志《ぎし》』倭人伝《わじんでん》の記事が引用されている。それにもかかわらず、『日本書紀』はヤマト建国と「女王」を、完璧に分離している。

さらにもうひとつの謎。

『日本書紀』は『魏志』倭人伝の記述を引用しておいて、なぜか「卑弥呼」の名を無視している。それだけならまだしも、『日本書紀』は、卑弥呼を天皇家の祖神と考えていた節がある。

『日本書紀』本文には、天皇家の祖神で太陽神の天照大神《あまてらすおおみかみ》が、最初大日孁貴《おおひるめのむち》とい

伊勢神宮　内宮に天照大神、外宮に豊受大神を祀る

う名で登場している。「孁」の一字を分解すると、「巫女」となり、大日孁貴は要するに「大日巫女《おおひのみこ》」「日巫女《ひのみこ》」が本義だったことが分かる。天照大神が「日巫女」なら、邪馬台国の「卑弥呼」と通じる。

これは言葉あそびではない。天皇家のもっとも大切な伊勢神宮には、内宮《ないくう》に天照《あまてらす》大神《おおみかみ》、外宮《げくう》に豊受大神《とようけのおおかみ》が祀《まつ》られるが、天照大神が邪馬台国の「日巫女・卑弥呼」とするならば、豊受大神はちょうど、卑弥呼の宗女《そうじょ》・台与《とよ》（トヨ）と重なってくる。これは偶然にしては、あまりにできすぎている。

八世紀の朝廷が、ヤマト建国の状況を熟知していたのなら、邪馬台国の事情も知っていただろうから、ここに卑弥呼と台与を祀ったのだろう。そして問題は、『日本書紀』のいうように、もし卑弥呼が天皇家の輝ける祖神ならば、そして、考古学者のいうように、邪馬台国がヤマトにあったとしたら、なぜそのことを正史に記録しなかったのだろう。なぜ女性ではなく、男性がヤマトを建国したことにしなければならなかったのか。

それでいて、神話の世界で、本来太陽神の巫女《みこ》にすぎなかった「卑弥呼・日巫女」を、太陽神に仕立て上げ、日本で最高の神に祭り上げたのだろう。

どうにもすっきりしない。

日本を建国した神功皇后

●卑弥呼かもしれないと『日本書紀』に書かれた神功皇后

じつをいうと、邪馬台国《やまたいこく》の卑弥呼《ひみこ》の謎を解き明かす鍵を握っているのは、神功皇后《じんぐうこうごう》という女傑なのだ。

神功皇后といっても、ほとんどの人が知らないだろうから、少し説明をする。

神功皇后は、第十四代仲哀《ちゅうあい》天皇の皇后だった。仲哀天皇というのは、ヤマトタケルの子で、また『日本書紀』に従えば、神功皇后は、皇族としては血の薄いほうで、また、新羅《しらぎ》（正確にいうと伽耶《かや》）の血が入っていたという。神功皇后は応神《おうじん》天皇を産んだことでも知られている。応神天皇は、全国に散らばる八幡神のモデルとなった人だ。それから、神功皇后の忠臣に蘇我《そが》氏の祖・武内宿禰《たけのうちのすくね》がいたことも忘れてはならない。

活躍の時期は、四世紀末から五世紀初頭のころではないかとか、また、実在しなかったのではないか、とする説も根強いものがある。

そして、ここで注目しておきたいのが『日本書紀』の記述で、件《くだん》の『魏志《ぎし》』倭人《わじん》伝《でん》の記事の引用が、「神功皇后摂政《せっしょう》紀」の中だった、ということなのだ。すなわち、『日本書紀』は、「邪馬台国の卑弥呼は神功皇后のことさ」という素振りを見せつつも、「ほんとうにそうだったかというと、分からない」という微妙な態度をとっているのだ。

神功皇后

どうにも腑《ふ》に落ちないのは、神功皇后が第十四代仲哀天皇の妻だった、ということで、ヤマトを建国したのが第十代崇神《すじん》天皇だったとしたら、神功皇后は、ヤマト建国の時代とまったく合わない、ということで、これがなぜ不審かといえば、『日本書紀』がヤマト建国を熟知していたと仮定すると、『日本書紀』の編者は、邪馬台国の卑弥呼がどういう時代の人であったのか、「まったく見当もつかないんです」ととぼけて見せていることになる。

このしらばっくれこそ、かえって怪しい。神功皇后には、歴史抹殺《まっさつ》のためのいくつものカラクリが用意されているのではないかと疑っておいたほうがいい。その証拠に、のちに再び触れるように、神功皇后は、いたるところで卑弥呼の宗《そう》女《じょ》・トヨ（台与《とよ》）とのつながりを見いだすことができる。

卑弥呼ではなく、台与と神功皇后がつながる事実は引っかかる。というのも、伊勢神宮の外宮の豊受大神《とようけのおおかみ》も神功皇后同様、多くの秘密を握った神だからだ。この神の不思議は、伊勢神宮という朝廷最高の神社に祀《まつ》られながら、正史『日本書紀』がまったく無視してしまったことにある。

卑弥呼は太陽神となり、いっぽうで台与は邪険《じゃけん》に扱われる必要があったというのだろうか。

●山門の女首長を殺した神功皇后

「神功皇后摂政前紀《じんぐうこうごうせっしょう》」には、古代史の常識を根底から覆《くつがえ》しかねない記事が記されている。

熊襲《くまそ》の反乱の報に接した神功皇后は、北部九州に陣を敷く。そして、この一帯を制圧したあと、筑紫《つくし》平野を南下し、「ヤマトの女首長を殺した」というのだ。ここにいう「ヤマト」とは、邪馬台国北部九州説の最有力候補地、山門《やまと》を指している。「トヨ」（台与）と接点をもつ神功皇后が、「ヤマトの女首長を殺した」というのならば、ここに畿内《きない》ヤマトのトヨによる九州ヤマトのヒミコ（卑弥呼）殺しという新たな仮説が得られるのではないか。二つのヤマトの確執と相克《そうこく》という推理だ。

江戸時代、本居宣長《もとおりのりなが》らは、邪馬台国は本来畿内にあったのに、九州の勢力が、勝手に邪馬台国を名乗り、先んじて魏《ぎ》に朝貢《ちょうこう》してしまったという説を打ち出している。これが邪馬台国偽僭《ぎせん》説だ。斬新なアイディアであり、卓見としかいいようがない。

二世紀の倭国《わこく》大乱は、瀬戸内海沿岸を中心とする高地性集落の大発生した時代だった。対立の図式は、それまで鉄の流通をほぼ独占していた北部九州に対し、新興勢力の瀬戸内海・畿内グループの相克《そうこく》、というものだった。結果は「東」の勝ち。このことは、考古学がほぼ実証している。こののち、北部九州は、かつての栄光を取り戻すことはなかった。衰弱がはじまったのだ。

三世紀の三輪《みわ》山麓の纏向《まきむく》遺跡には、東海・北陸・出雲《いずも》・吉備《きび》からいっせいに大量の土器が流入していた。ところが、北部九州のものは、最後の最後に入ってきたものだ。

すでに触れたように、このことは神武《じんむ》天皇のヤマト入りという物語とそっくりなのだが、繁栄の切り札「鉄」を、瀬戸内海の「東」に取られた北部九州が、起死回生の手段として選んだのが、「外交戦」を優位に戦う、ということだったろう。その点、北部九州が「邪馬台国」を「偽僭」してしまったという江戸時代の国学者たちのアイディアが、俄然リアリティをもってくる。帯方郡《たいほうぐん》から邪馬台国《やまたいこく》までの行程が、北部九州の海岸線からまったく理解不能になってしまっていたのも、このような複雑なカラクリのおかげ、と考えることもできる。

そして、日本列島の正式な王権として北部九州が認められてしまったとなれば、畿内のヤマトのとれる手段は、力づくでの倭王の「称号」と、金印という「物証」の奪取、ということになろう。

事実、三世紀、畿内勢力が北部九州を武力で制圧しようとしていたことは、思わぬ証拠から足がつく。その証拠については、あとで詳しく説明しよう。

●神功皇后が卑弥呼の宗女・台与とそっくりな謎

北部九州を旅行してみて驚かされるのは、この近辺では、多くの場所で「豊比咩《とよひめ》（豊比売）」なる女神が祀《まつ》られていることなのだ。とくに山門《やまと》の北側に位置する久留《くる》米《め》の周辺で顕著なのだが、ここにある「豊比咩」は、明らかに邪馬台国のトヨを意識したものだろう。反対に、日本中が騒ぐ「卑弥呼」そのものを祀《まつ》った神社は皆無に等しいのではないだろうか。「主祭神・卑弥呼」という神社があれば、どうかお知らせ願いたい。

それから気をつけなくてはいけないのは、九州の北東部、現在の大分県周辺を、古代の行政区画では、豊後《ぶんご》国・豊前《ぶぜん》国と呼んでいたこと。これは、もともと一つの国だったものを二つに分けたものなのだが、最初、この地は「トヨ（豊）の国」と呼ばれていたものだ。やはり九州には卑弥呼の国はなく、トヨだけがあった、ということになる。少なくとも九州では、卑弥呼ではなくトヨに人気が集まっている。

このトヨといくつもの接点をもっていたのが、神功皇后《じんぐうこうごう》だ。

豊浦寺跡　推古天皇の豊浦宮もこの近くにあった

　神功皇后の重要な拠点のひとつに豊浦宮《とゆらのみや》がある。これは、「トヨの港の宮」が本来の意味だろう。ちなみに、神功皇后には蘇我《そが》氏の祖・武内宿禰《たけのうちのすくね》という忠臣がいたが、七世紀の飛鳥《あすか》という内陸部の推古《すいこ》天皇の宮がなぜか豊浦宮で、しかも蘇我《そが》系の推古《すいこ》天皇・聖徳太子《しょうとくたいし》、どちらにも、名前に「トヨ」が冠せられている、という謎がある。推古天皇は「トヨミケ」、聖徳太子は「トヨトミミ」といった具合だ。また、蘇我入鹿《いるか》（あるいは蝦夷《えみし》）は豊浦大臣と呼ばれていた。

　それはともかく、久留米《くるめ》の高良《こうら》山の高良大社には、応神《おうじん》天皇以下、武内宿禰ら、神功皇后にまつわる人々が祀《まつ》られている。ところが、肝心の神功皇后の姿がない。そのかわり、主祭神の一柱に豊比咩が祀られている。これも意味のないことではないだろう。

神功皇后は玄界灘《げんかいなだ》の守り神・宗像《むなかた》神とも強く結ばれているが、宗像大社の伝承には、神功皇后が竜宮城伝説と関わりをもっていたこと、また妹に豊姫《とよひめ》がいた、としている。

竜宮城伝説といえば、海幸彦《うみさちひこ》・山幸彦《やまさちひこ》の神話が有名だが、この話の主人公は豊玉《とよたま》姫《ひめ》で、やはりトヨがからんできている。こうしてみてくると、神功皇后とトヨの間には、これまで見落とされてきた秘密が隠されていそうではないか。

●新たな邪馬台国像

神功皇后《じんぐうこうごう》と邪馬台国《やまたいこく》の秘密は、じつに意外なところから解明できる。それが、これまで邪馬台国論争でまったくの盲点だった、大分県日田《ひた》市なのだ。

大分県（豊国）というから、九州の東側を思い浮かべるが、日田市は、むしろ西側の筑紫《つくし》平野の文化圏・商業圏に位置する。それにもかかわらず、この土地は太古から〝トヨの国〟の一部だった。

その日田市からは、昭和九年、久大《きゅうだい》本線の工事現場で、金銀錯嵌珠龍文鉄鏡《きんぎんさくがんしゅりゅうもんてっきょう》が出土している。後漢《ごかん》時代の鉄鏡で、後漢では、王家のみが所有を許された特別な鏡だった。なぜこのような至宝《しほう》が、日田にあったのか。

考古学は、おもしろい遺跡を日田で見つけている。それが三世紀の小迫辻原《おざこつじばる》遺跡で、居館と祭祀場跡らしいものが出土した。そしてここは、山陰や畿内《きない》の土器が集中して出土する特異な遺跡、というのだ。

三世紀といえば、邪馬台国の時代そのものである。では、なぜ日田に畿内の勢力が「突出」していたのだろう。

二世紀の倭国《わこく》の乱《らん》は、鉄をめぐる争いだった。そして、瀬戸内海から畿内のグループがこれを制し、彼らは、瀬戸内海という大動脈を使って、朝鮮半島から鉄を確保していった。したがって、彼らが瀬戸内海の制海権というものをもっとも重視したであろうことは、いうまでもない。とすると、大切になってくるのが九州北部の海岸地帯ということになる。そして、筑紫《つくし》平野の九州勢力の攻撃からこの海岸地帯を守るにはどうすればいいか。答えに迷いはない。日田を奪えばいいだけのことなのだ。

それはなぜか……。

日田は筑紫平野を流れる筑後《ちくご》川の上流に位置する。日田は西に向かって天然の要害をなしていて、筑紫平野から日田に入るには、筑後川の狭隘《きょうあい》な部分を通らなければならない。逆に、東側は、道が四方に延びていて、守るに適していない。つま

会所山遺跡　小迫辻原遺跡と並んで日田を代表する遺跡

り、筑紫平野の勢力からみて、日田はじつに厄介な土地なのだった。そして、この地に小迫辻原遺跡の存在することと、金銀錯嵌珠龍文鉄鏡が残された事実が、大きな意味をもってくる。

おそらく三世紀、畿内から瀬戸内海にかけてのグループは、瀬戸内海の制海権を確固たるものにするために、日田を奪ったのだろう。

そして、この地にトヨが入って、山門の卑弥呼と対峙《たいじ》し、ついにはこれを打ち破り、「倭王《わおう》」の称号を獲得したのではなかったか。

すなわち、邪馬台国の謎は、神功皇后《じんぐうこうごう》（トヨ）と日田という特殊事情によって新たな展開を迎える可能性があるのだ。

地獄に落ちた女帝・斉明天皇

●乙巳の変（大化改新）を目撃した女帝

日本の特殊性の中に、「女王」があげられる。東アジアの中で、これほど女王を輩出した国はない。あるいは、世界史的にみても稀《まれ》な部類にはいるのではないだろうか。

三世紀の卑弥呼《ひみこ》やトヨ（台与）にはじまって、神功皇后《じんぐうこうごう》（天皇ではないが、天皇扱いされ、また、トヨとすれば、明らかに女王だ）、七世紀の推古《すいこ》天皇・皇極《こうぎょく》（斉《さい》明《めい》）天皇・持統《じとう》天皇・元明《げんめい》天皇・元正《げんしょう》天皇・孝謙《こうけん》（称徳《しょうとく》）天皇と、枚挙《まいきょ》にいとまがない。また、この女人たちは、そのほとんどが、時代の変わり目に出現した、という特色をもっている。

卑弥呼やトヨはまさにそうで、七世紀や八世紀の女帝、また、『万葉集』で知られる額田王《ぬかたのおおきみ》や、聖武《しょうむ》天皇の皇后・光明子《こうみょうし》らは、正史に残されない部分で、流転《るてん》する政局で多大な影響力をもっていたものだ。

極端な言い方をすると、男性社会が行き詰まると、必ず「女王」が現われ、混乱を収拾してきたといっても過言ではない。

それにしても、なぜ日本では、女性が混乱期に現われ、救いの女神《めがみ》になるのだろう。

ひとつ確実にいえることは、卑弥呼や神功皇后がそうであったように、女性の属性に、「神の声を聞く」という能力があったと信じられていた、ということであろう。

太陽信仰は太陽神＝男性と、これに仕える巫女《みこ》がセットになっていた。したがって、俗世間の男性どもは、女性の声に恐れおののいた。俗権力を握っていようとも、神の声を代弁する女性の霊的感性を無視することはできなかったのだ。

皇極（斉明）天皇

したがって、人間の力ではどうしようもできない災害や天災に直面したり、手のつけられない混乱に襲われたとき、権力者が最後に頼ったのが、女性（巫女）だった、ということなのかもしれない。

その証拠に、皇極天皇や額田王らには、巫女としての能力があった様子が、『日本書紀』などには記録されている。しかしいっぽうで、巫女としての権威を逆に利用され、悲劇性を担った女人も少なくはなかった。その代表者が、蘇我入鹿《そがのいるか》の暗殺の目撃者となった皇極天皇その人なのだ。

●なぜ土木工事をくり返したのか

皇極《こうぎょく》天皇は謎に包まれている。夫・舒明《じょめい》天皇の時代、蘇我入鹿《そがのいるか》は蘇我系の皇族・古人大兄皇子《ふるひとのおおえのみこ》の即位を望んで、邪魔になった山背大兄王《やましろのおおえのおう》の一族を滅亡に追い込んだ、ということになっている。

ところが、舒明天皇の死後、その古人大兄皇子に順番は回らず、皇族としてはけっして名家とはいえない皇極が選ばれたのだった。そして乙巳《いっし》の変《へん》という大事件が勃発し、弟の孝徳《こうとく》天皇に禅譲《ぜんじょう》するも、孝徳天皇の崩御後、再び返り咲いている(斉明《さいめい》天皇)。

重祚《ちょうそ》した斉明天皇は、さかんに土木工事を行なったと『日本書紀』には記されている。

天香具山《あまのかぐ》(飛鳥《あすか》)から石上山《いそのかみ》(天理)まで水路をつくり、舟二百艘で石上山の

亀石　奈良県明日香村にある古代石造物

石を積んで運び、飛鳥の東側の山に重ねて石垣としたという。人々はこれをみて「狂心《たぶれこころ》」と嘆いているから、よほどの大工事だったのだろう。「つくったそばからすぐにでも壊れてしまうだろう」と噂《うわさ》もされたから、人々にとってはいい迷惑だったと考えられる。

真偽のほどは定かではないが、近年、飛鳥からこれを裏づける遺物が見つかった。いわゆる酒船石《さかふねいし》と呼ばれる謎の石造物の近くに、亀石《かめいし》や石垣を伴った七世紀後半の大々的な遺跡が発見されたのだ。これで、ほぼ『日本書紀』の記述が正しかったことが分かった。

それにしても、なぜ斉明天皇は、ここまで強硬に土木工事をする必要があったのだろうか。

斉明天皇の行動を追ってみると、はたしてこの女帝が暴君だったかというと、それはまったくの見当違いであることに気づかされる。

斉明天皇四年五月の条には、次のような記事がある。

それによると、この年、孫の建王《たける》が八歳で夭逝《ようせい》した。そこで今城谷《いまきだに》に埋葬したという。斉明天皇は、この建王が生まれながらにからだが不自由だったために、ひとしおかわいがり、不憫《ふびん》に思っていた。したがってその悲しみは深く、自分が死んだら、いっしょに葬ってほしいと懇願したという。建王の生前の姿を偲《しの》んで歌をつくっては泣き暮らしたという。

孫への限りない愛情を示した斉明天皇が、なぜあのような無謀ともいえる土木工事に邁進《まいしん》したのか……、この当時、すでに中大兄皇子《なかのおおえのみこ》が実権を握っていたと考えれば、謎は消える。乙巳《いつし》の変《へん》で皇極《こうぎょく》（斉明）天皇に叱責《しっせき》された中大兄皇子は、母に諫言《かんげん》し、母はこの意見に逆らえなかった。

この様子をみても、皇極天皇亡き後、中大兄皇子が暴れ回っていたことが知られる。斉明朝で百済《くだら》救援が画策されたのも、中大兄皇子が台頭したからこそのことだったろう。

●地獄に落ちた女帝

すでに触れたように、斉明《さいめい》天皇の周辺には、蘇我入鹿《そがのいるか》の亡霊がつきまとった。家臣が次々に死んでいくのをみて、時の人々は、迷わず蘇我入鹿の仕業《しわざ》にちがいないと噂《うわさ》した。

なぜ斉明天皇が、入鹿に負い目を感じる必要があったのだろう。直接殺したのは中大兄皇子であり、乙巳《いっし》の変《へん》の場面で、斉明天皇はむしろうろたえ、中大兄皇子をたしなめていた。それなのに、なぜ中大兄皇子を恨《うら》まず、斉明なのか。

「牛に引かれて……」で知られる信州善光寺《ぜんこうじ》には、斉明天皇が死後地獄に落ちたという伝承がある。なぜ信州の山奥に、斉明天皇の悲劇的な伝承が残ったのだろう。乙巳の変の斉明天皇の慌《あわ》てぶりから、女帝と入鹿は男女の仲にあったのではないか、という説がある。いかにもありそうなことだ。しかし、これには、もっと深い事情というものがある。

話はあらぬ方向へ進む。

斉明天皇は建王《たけるおう》を偲《しの》び日々泣き暮らしたが、このとき、奇妙な歌をつくっている。それは、斉明天皇四年冬十月、紀州に旅行にいったときのこと、

山越《やまこ》えて　海渡《うみわた》るとも　おもしろき　今城《いまき》の中《うち》は　忘《わす》らゆましじ

ここにいう「今城」は、『日本書紀』の記述を信じれば、夭逝した孫・建王の墓を意味する。しかしそうなると、「山や海を越えて紀州にきたけれど、楽しかった今城のことは忘れることができない」という歌の意味が分からなくなる。今城の墓の中が楽しかったではとおらない。

これはいったいなんだろう。

そこで『日本書紀』を読み直すと、建王が不可解な謎に包まれていたことに気づかされる。建王は、天智天皇の子だが、天智天皇七年二月の条には、建王が、天智天皇の子の中に含まれていなかったという異伝を残している。『日本書紀』のほぼ同時代人である建王の出自《しゅつじ》がはっきりしていないのだ。

問題は、先の歌にある。

「今城の中」が「墓の中」であるはずはない。では、もっと別の「いまき」が存在するのではないか。

じつは、もうひとつ、今城は斉明帝の身近にあったのだ。それが、「飛鳥＝今来《いまき》」ということになる。古くは飛鳥を今来と呼んでいたからだ。

そこで先の歌の今城（建王の墓）から今来（飛鳥）に組み替えて読み直すと、意外な事実が浮かび上がってくる。

かつて斉明天皇は、今城（飛鳥）で建王と楽しく暮らしていたが、今は会うことができない、という話になってくるのだ。

●斉明天皇の悲劇

話がややこしくなってきた。

問題は、斉明《さいめい》天皇が、流転《るてん》する政局のうねりに翻弄《ほんろう》され、何かしらの悲劇を背負わされた、ということだろう。そして、愛していた孫に、飛鳥《あすか》の孫に会うことができなくなってしまった……。

ここで不審なのは、斉明天皇の大切な孫の存在を、しかも夭逝《ようせい》してしまい、政治的にほとんど意味のなかった建《たける》王の存在を、なぜ『日本書紀』は曖昧《あいまい》に記述していたのか、ということになる。逆に、この王が何かしらの秘密を握っていたのではないかとさえ思えてくるのだ。

そこで思い出されるのが、天武《てんむ》天皇の出生の秘密だ。この天皇は『日本書紀』の中で天智天皇の弟とされながら、中世文書の中で「兄」とされていた。これから類推してみると、斉明天皇の最初の夫で蘇我系の高向王《たかむくおう》の子・漢《あや》皇子こそが、天武天皇その人ではなかったか、と推理できる。そして、この漢皇子が建王だったとしたら……。

飛鳥(今来)といえば、蘇我を思い浮かべるほど、この地は蘇我氏の都だった。その飛鳥での出来事が楽しかったと斉明天皇が歌っていたのは、高向王と漢皇子との生活が懐かしいからであろう。

そして、その漢皇子が天武天皇であったとすれば、一連の謎の多くが解けてくるのではあるまいか。

おそらく、斉明天皇は、飛鳥の日々を二度と取り戻すことのできない環境にいたにちがいない。そしてそこはどこかといえば、蘇我氏を滅ぼした中大兄皇子の生活空間であり、少なくともそこは飛鳥の中心ではなかった、ということになる。

つまり、若かりしころ、蘇我《そが》系高向王と漢皇子の親子から引き離された斉明天皇は、舒明《じょめい》天皇のもとで中大兄皇子を産み、その中大兄皇子は、蘇我入鹿《いるか》を暗殺していた。

『日本書紀』の中で、蘇我入鹿暗殺現場でうろたえてみせ、入鹿が死後、斉明天皇の前に恨《うら》めしげな姿で現われたこと、さらには、斉明天皇が地獄に落ちたという話

蘇我入鹿の首塚と伝えられる五輪塔　後方は甘樫岡

を総合すると、一つの疑惑が胸をよぎる。謎に満ちた蘇我系皇族・高向王の正体が蘇我入鹿だったとしたら……。

七世紀、多くの蘇我系の女人が略奪されていった。それはおそらく、蘇我氏を衰弱しようと躍起になっていた中大兄皇子や中臣《なかとみのかまたり》鎌足らの仕業だろう。

そのような悲劇の中の一つが斉明天皇で、だからこそ飛鳥での楽しい日々を忘れられなかったという歌の真意がつかめてくる。そして、理由はどうあれ、斉明天皇は蘇我入鹿を殺す側の体制に組み込まれたのであって、図式としては、入鹿が恨《うら》む動機は整った、ということになる。斉明天皇が地獄に落ちたという伝承もこれで納得がいくのではあるまいか。

真実を闇に葬った持統天皇

●すべてはこの女帝が潰した

これまで古代史に多くの謎が残り、なかなか真相をつかむことができなかったのは、ひとえに『日本書紀』の曖昧《あいまい》で不正確な記述に負うところが大きかった。

しかし一方で、考古学の進展によって、ヤマト建国の様相が相当詳しくつかめるようになってみると、『日本書紀』が歴史を熟知していて、だからこそ真実を抹殺《まっさつ》していたのではないかという疑いがでてきたのだ。

その証拠に、『日本書紀』の記述の中に、『日本書紀』の同時代人である持統《じとう》天皇の兄弟に異伝があって、存在したのかしなかったのか、『日本書紀』は「分からない」ととぼけている。分からないはずもないのに分からないといっているのは、持統天皇の周囲に、政治的な秘密が隠されているからだろう。もちろん、この分からないといわれた持統の弟は、先述した建《たける》王のことだ。

このように、『日本書紀』が歴史改竄《かいざん》を行なっていたことは間違いなく、問題はその動機がいったいどこにあったのか、ということになる。

答えを握っているのは、編纂の当事者藤原不比等《ふじわらのふひと》であろうとも、またもうひとり忘れてはならないのが、持統天皇なのだ。

持統天皇の父は天智天皇、母は蘇我系で、姉に大田皇女《おおたのひめみこ》がいる。この姉妹は斉明天皇の時代、ほぼ同時に大海人皇子《おおあまのみこ》（天武天皇）のもとに嫁《とつ》ぎ、持統は草壁皇子《くさかべのみこ》、大田皇女は大伯《おおくのひめ》（来）皇女《みこ》・大津皇子《おおつのみこ》を産んでいる。

ちなみに、大海人皇子のもとに、兄・中大兄皇子の多くの娘が嫁いだのはなぜか、長い間大きな謎とされてきたものだ。しかし、二人の出生の謎が先述したとおりだとすれば、謎ではなくなる。中大兄皇子が実権を握っても、大海人皇子を抱える飛鳥の勢力のご機嫌をとらねば、しょせん何もできなかった疑いが高い。

それはともかく、持統天皇は、天武天皇の死後、息子の草壁皇子の即位を願った。しかし、体の弱かった草壁は、母の期待にそうことができず、即位を目の前にして亡くなる。そして、持統が先帝の皇后という立場を利用して、強引に即位してしまう（もちろん、『日本書紀』には「強引に」というニュアンスはない）。持統は「草壁がだめなら孫の軽皇子《かるのみこ》」という執念をもっていたようで、ただそれだけの目的で王位を奪取した疑いがある。この女帝の権力への執着が、歴史の歯車を大きく崩していく。

通説はまったく見落としているが、天武天皇亡き後、草壁皇子はともかく、持統天皇が即位できる可能性は低かった。なぜなら、持統天皇は、天武天皇の宿敵・天智天皇の娘だったからだ。天智の築いた政権を壬申の乱でやっと倒すことのできた天武王朝の中にあって、また、天武天皇の皇子が星の数ほどいた中にあって、彼らを差し置いて「天智の娘」が即位できたのは異常な事態といってよい。

ここには、何かしらのカラクリが秘められていたはずではないか。

●ほんとうに持統天皇は夫を愛していたのか

『日本書紀』は天武《てんむ》天皇と持統《じとう》天皇が愛し合っていたと記録している。そして、だからこそ持統は天武天皇の遺志を引き継ぐために即位したのだとする。

しかし、どうにも腑《ふ》に落ちないのは、「相思相愛の関係」が他に例を見ない形で記録され、しかも少し度が過ぎていた点にある。

「持統天皇称制《しょうせい》前紀」には、持統が最初から最後まで、天武に付き従い意見を述べ、補佐し、ともに天下を定めたとしている。

たしかに、この説明がまったくのでたらめというわけではない。壬申《じんしん》の乱《らん》の直前

天武・持統天皇陵　合葬の八角円墳

の天智十年（六七一）十月、大海人皇子《おおあまのみこ》は吉野に逃れ隠棲《いんせい》するが、ここから持統は行動をともにする。天武天皇即位後は、皇后となり、皇親《こうしん》政治の中核として活躍したと思われる。

さらに、『日本書紀』は次のようにつづける。天武九年（六八〇）十一月、持統が病《やまい》の床に伏すと、天武天皇は薬師《やくし》寺の造営を発願《ほつがん》し、僧百人を出家させた。これでたちまち持統の病気は治癒《ちゆ》し、逆に天武天皇が発病すると、こんどは持統が僧百人を出家させ、やはり天武天皇は快癒《かいゆ》したという。

持統天皇は死後火葬され、天武天皇と同じ陵墓《りょうぼ》に収まったから、両者の関係は仲むつまじかったと固く信じられてきたのだ。

しかし、どうにも疑わしい。実態はその逆であったと訴えているようにしか思えないからなのだ。『万葉集』をひもとくと、『万葉集』には、たしかに天武天皇に対する持統の熱烈な「愛の歌」が残される。

ところが、天武天皇はどうかというと、「その他」の女人との間に楽しげな恋の歌のやりとりをしておきながら、なぜか持統天皇を慕う歌というものがまったくないのだ。

これはどう考えてもおかしい。もし二人の関係が『日本書紀』のとおりであったとしたら、とても不思議なことだ。

はたして、天武天皇は持統の気持ちに応えたのだろうか。

些細《ささい》な夫婦の情愛と思うなかれ。この「偽りの夫婦愛」が事実ならば、天武の死後の持統天皇即位というものが、じつに奇怪な事件だったということになるからだ。

くり返すが、持統天皇は天智天皇の娘であり、この女人の即位の大義名分は、「天武の皇后」で、「天武の遺業を引き継ぐ」ものだったはずだ。しかし、その図式は、「ふたりの本心」を知ることで崩れる。

●『日本書紀』は誰のために書かれたのか

ここで指摘しておきたいのは、『日本書紀』の神話の中で、天照大神《あまてらすおおみかみ》という女神《めがみ》が皇祖神となっていたことで、すでに触れたように、これは邪馬台国《やまたいこく》の卑弥呼《ひみこ》を念頭に置いたものと考えられるが、もうひとつ重要な意味があって、それは、天照大神の孫や、その末裔《まつえい》が王家を継承する正当性を訴えるために創作された構図でもあった。そして、この図式の天照大神に、ちょうど持統《じとう》天皇がはまってくる、ということなのだ。このことは、上山春平氏の『神々の体系』(中公新書)に詳しい。

すなわち、持統は草壁皇子《くさかべのみこ》の子・軽皇子《かるのみこ》(文武《もんむ》天皇)を即位させるという執念を貫くために即位したのであって、それは、天武《てんむ》王家の中でも持統の血をもつものだけが「王の中の王」になれるという理由づけを行なうものだった。

もし通説どおり、持統が天武の遺志を引き継ぐために即位したのなら、『日本書紀』の中で、皇祖神を男性に求めるべきだったのだ。

ここで、もうひとつの問題が浮上する。それは、『日本書紀』はいったいだれのために書かれた文書だったのか、ということなのだ。

一般に、それは疑いなく天武天皇のためだ、ということになっている。理由は次の通りだ。すなわち、『日本書紀』の中で、天武天皇が正史の編纂を命じていること、『古事記』序文の中で、やはりこの文書が天武天皇の強い意志によって書かれたと記されているからだ。壬申《じんしん》の乱《らん》で身内を滅ぼして誕生した、天武王朝の正当性を訴える必要があったというのが一般的な解釈で、天武天皇の死後も持統天皇が夫の遺志を引き継ぎ、事業を継承していたのだろうとする。

しかし、ここで奇妙な矛盾《むじゅん》のあることに気づかされる。

天武にはじまる王家は、奈良時代末期に天智系の天皇に乗っ取られ、平安時代を迎える。となると、『日本書紀』は、この時点で焚書《ふんしょ》の憂き目にあっていなければならなかったはずだ。たとえば、天武王朝の歴代天皇は、天皇家の菩提《ぼだい》寺、京都の泉涌《せんにゅう》寺で、無視されたままなのだ。このような仕打ちを受けたのは、ひとえに壬申の乱の恨みが残っていたからだろう。

ところが、こののち、「天武天皇の壬申の乱の正当性」を述べていたはずの『日本書紀』が、正史として守られているのだ。

これはいったい何を意味しているのだろう。

問題は、『日本書紀』が誰の手によって編纂《へんさん》され、いつできたのか、ということになる。

泉涌寺　四条天皇が寺内に葬られてから皇室の菩提寺とされた

『日本書紀』の編纂が西暦七二〇年、天武天皇の死が六八六年。すなわち、三十四年後に完成していたことになる。したがって、『日本書紀』は、天武天皇の死後、三十四年後に完成していたことになる。したがって、『日本書紀』は天武天皇にとって都合のいい歴史書だったというよりも、正確にいえば、天武天皇の死後三十年後の政権にとって都合のいい歴史書だったことになる。そして、そのとき、歴史の編纂の中心に、壬申の乱で没落していたはずの藤原不比等《ふじわらのふひと》がいた事実を見逃すことはできない。この人物が、『日本書紀』を「ねじれた歴史書」にしてしまった疑いが強くなってくる。

藤原不比等は、あたかも天武天皇のための歴史書を編纂するかのように見せかけておいて、父・中臣鎌足《なかとみのかまたり》の業績を礼賛《らいさん》し、天智王朝の復活を願っていたのではあるまいか。

●天香具山の歌に隠された王朝交替

藤原不比等《ふじわらのふひと》を大抜擢《ばってき》したのは持統《じとう》天皇だった。このコンビは、まさに両者のそれぞれの父・中大兄皇子《なかのおおえのみこ》と中臣鎌足《なかとみのかまたり》という二人三脚の再来であり、天武《てんむ》系王朝にとっては悪夢であったはずだ。多くの皇子や豪族層が不快感をあらわにしていた疑いも強い。それどころか、このコンビが最初から朝廷に受け入れられていたかどうか、じつに怪しい。

持統天皇の即位の儀式は宮中ではなく、藤原不比等の〝私邸〟で行なわれた、と噂《うわさ》された事実が、ここにきて大きな意味をもってくる。これは、持統の即位が当初「私的な作業」であったことを暗示している。

では、このの ちいかに周囲を組み伏せていったのかという疑問は残るが、このような噂が残るだけでも、持統天皇の即位に、何かしらの疑念を感じずにいられない。

ところで、『万葉集』には、この当時の持統天皇の「暗躍」の証拠が残されている。それが有名な「天香具山《あまのかぐやま》」の歌だ。

春過ぎて　夏来《きた》るらし　白栲《しろたえ》の　衣乾《ころもほ》したり　天の香具山

［大意］春が過ぎて夏がやってくるらしい。（青葉のなかに）真白な衣が乾してある。天の香具山は。（日本古典文学大系『萬葉集』岩波書店）

天香具山は大和《やまと》を代表する霊山だ。そこに白い衣が干してあるという。一見して変哲もない歌にみえる。しかし、古くは「山」は聖なる地であり、人の踏み込めない場所であったことを念頭に置くと、この歌が、じつは不気味な歌であったことに思い知らされる（通説はまったく気づいていないが）。つまり、この衣はけっして「人が干したものではない」のだ。

ではいったい、この白い衣とはなんなのか。答えは意外なところに隠されている。丹後《たんご》半島や日本各地で伝わる「天羽衣《あまのはごろも》伝承」だ。このことを指摘したのは、共同研究者で歴史作家の梅澤恵美子氏だった。

だれもが知る天羽衣伝承の主人公・豊受大神《とようけのおおかみ》は、伊勢神宮の主祭神のひとりでありながら、正史から無視された不思議な神だった。実際、この神の伝承をいくら追っても、天皇家とのつながりはみえてこない。しかも伝承の中で、豊受大神は池で沐浴《もくよく》している最中、翁に羽衣を奪われたのち、翁のために働きながら、裏切られている。

そのような惨《みじ》めな神が、なぜ伊勢神宮に祀《まつ》られているのか、大きな謎とされてきた。

しかし、豊受大神の名の中に「トヨ」が冠せられている事実が、ここにいたり重大な意味をもってくる。もちろん、それは邪馬台国《やまたいこく》のトヨであり、トヨの忠臣・武内宿禰《たけのうちのすくね》の末裔《まつえい》・蘇我《そが》氏や、七世紀の蘇我系の王家がみなトヨにからんでいた。そして問題は、蘇我系豪族にあと押しされた天武天皇の名にも「トヨ」の名が入っていたことである。

要するに、持統《じとう》天皇の歌にある「霊山に干してある衣」とは、豊受大神の「羽衣」であり、この羽衣を盗めば〝トヨの王家＝天武朝〟を潰すことができると宣言していたことになる。

こうして、七世紀から八世紀にかけての歴史の謎が、だいぶ解けてきたといえるだろう。

名門子女の不運、光明子

●光明子建立の滅罪寺の意味するもの

日本の歴史は、時代の節目節目に必ず女人の影を用意している。卑弥呼《ひみこ》やトヨにはじまり、斉明《さいめい》天皇、持統《じとう》天皇といった女人たちが、陰に陽に時代の流れをつくってきたのだった。そして、光明子《こうみようし》（光明皇后）もまた、悲しい歴史を目撃し、新しい何かを模索した女傑であった。

光明子は聖武《しようむ》天皇の皇后として知られ、また、父は藤原不比等《ふじわらのふひと》であった。聖武天皇は幼少時代から藤原不比等の邸内で養われていたともいい、すなわち、光明子とは、幼なじみでもあったわけだ。

一般に、聖武天皇はこの光明子の尻に敷かれ、結局は藤原の掌《てのひら》の上でもてあそばれたと考えられている。光明子は聖武天皇に「藤原の子」であることを強要し、監視していたという印象まである。

たとえば、『続日本紀《しよくにほんぎ》』は聖武天皇よりも光明子を重視していたかのような素振

りを見せる。もっとも分かりやすいのは二人の死亡記事で、聖武天皇の場合、

「この日、太上《だいじよう》天皇は寝殿で亡くなられた。遺詔《いしよう》して、道祖王《ふなどおう》を皇太子に決められた」

とあるだけなのに対し、皇后の光明子はどうかというと、次のようになる。

「光明皇太后の姓は藤原で、近江《おうみ》朝の大臣《おおおみ》・中臣鎌足《なかとみのかまたり》の孫、平城朝の太政大臣《だいじようだいじん》・藤原不比等の娘で、母は県犬養三千代《あがたいぬかいのみちよ》である。

皇太后《こうたいごう》は幼いころから聡明《そうめい》の誉れ高く、聖武の皇太子時代、妃《きさき》となった。時に年は十六。多くの人々に接し、喜びを尽くし、あつく仏道に帰依《きえ》し励んだ。聖武天皇即位で大夫人となり、孝謙《こうけん》天皇と基《もとい》皇太子を産んだが、皇太子は数え二歳で夭逝《ようせい》。のちに皇后となった。太后《たいごう》の人となりは、慈《いつく》しみ深く、よく恵み、人々を救うことを志した。東大寺と国分寺を創建したのは、そもそも太后が聖武天皇に勧めたものであった。また、悲田《ひでん》・施薬《せやく》の両院を設立し、飢えた人、病んだ人々を救った。娘の孝謙《こうけん》天皇が即位すると、皇后宮職《こうごうぐうしき》を紫微中台《しびちゅうだい》と改め、勲賢《くんけん》（実力者）たちを選び

法華寺　藤原不比等の邸宅があった

出し、官人として列した。享年《きょうねん》六十」。

この両者の差の大きさはどうだろう。藤原氏にとって、天皇の存在よりも、藤原の娘のほうがかわいかった、ということか。

聖武天皇は、結局藤原氏との闘争に敗れ、

「私は政治にほとほと疲れ果てたので、娘に皇位を譲る」

と隠退していったが、唐《とう》の則天武后《そくてんぶこう》の影響を受けたという光明子は、なお意気盛んだった。

こういう状況をみるにつけ、やはり光明子という女人が、藤原の娘を立派につとめあげ、聖武天皇を操っていたという印象は強くなるばかりなのだ。

しかし、実態はまったく異なる。

●藤原四兄弟の死と光明子の不安

だいたい、正倉院《しょうそういん》に残る光明子《こうみょうし》の直筆『楽毅論《がっきろん》』の「藤三娘《とうさんろう》」の書体があまりに男勝りで強烈な個性をもっているがゆえに、マイナスのイメージが焼きついて離れないでいたのだ。

しかし、この女人の本性というものを探っていくと、じつにたおやかな愛情というものを感じてしまう。

光明子の本質を知るうえで見逃されてきたことが二つある。

一つは奈良県奈良市に残された、法華寺《ほっけ》で通称される法華滅罪寺《めつざい》だ。

法華寺は光明子の館をお寺にしたもので、もともとは平城京の主・藤原不比等の館だったものだ。

いわば、平城京の藤原権力の拠点に当たる場所にあたり、この地を「滅罪」の場所にしたのは、いったいいかなる理由があったのだろう。

そして二番目に、次の歌を挙げることができる。

それは、『万葉集』巻八・一六五八の一首だ。

吾背子《せこ》と　二人見ませば　いくばくか　このふる雪の　うれしからまし

夫聖武《しょうむ》と二人並んでみたならば、きっとこの降る雪もうれしいでしょうに……。

この権力者にしては飾り気のない無防備なさまに、聖武天皇に対する深い慈《いつく》しみの心を見いだせるように思えてならないのだ。

だがそれは、感傷的で、文学的な批評であって、歴史とは関係ない、という意見もあろう。しかし、光明子の行動を追っていくと、この女人は、藤原氏の血を引いていたことに苦悩していたとしか思えなくなってくるのだ。

光明子の受難と悔悟《かいご》は、藤原四兄弟の滅亡に端を発していたと思われる。

藤原四兄弟の滅亡は、平城京を震撼《しんかん》させた。それは長屋親王の祟《たた》りであり、藤原にあって唯一穏健な性格だった武智麻呂《むちまろ》すらも、祟りの被害を受けている。藤原不《ふ》比等《ひと》の娘である光明子にも災いがやってこないという保証はなかった。その思いが、やがて「滅罪寺」という「場違いな」寺を建立するきっかけとなったのだろう。そして、長屋親王の祟りは、天武天皇や蘇我系の皇族・豪族の恨みも代弁していたと信じていた節がある。

じつをいうと、この当時の法隆寺へ与えられた大量の食封《じきふ》というものが、長屋親

平城京跡　元明天皇以後、八代の天皇の治世にわたって都となった

王の祟りと深くかかわっていたようなのだ。この点、光明子の思惟《しい》という物の本質がつかめるように思えてならない。

●智識寺と光明子

光明子《こうみようし》はどこか藤原であることに、深い憂鬱《ゆううつ》を感じていたのではないかと思わせる節がある。

『続日本紀《しよくにほんぎ》』が記すように、東大寺建立を聖武天皇に勧めたのは光明子であったことに間違いない。

河内《かわち》の智識寺《ちしきじ》を参拝し、目を輝かせていた夫の背中を押したのは、この女人だった。それは、「藤原」とはまったく相反する発想であり、ここに、光明子と聖武天皇のほんとうのつながりの意味というものを知ることができるのではあるまいか。

ところで、藤原の娘であった光明子を「反藤原派」の女人に変えたきっかけは、藤原四兄弟の死だけではなさそうだ。ある奇怪な事件が、光明子の動機を裏づけている。

光明子の異母姉妹に宮子《みやこ》がいた。文武《もんむ》天皇に嫁ぎ、聖武天皇を生んでいる。

この宮子が、光明子の生き様に多大な影響を及ぼしていたと思われる。というのも、宮子は聖武天皇を産んだ直後、藤原不比等《ふひと》の邸《やしき》に幽閉され、その後三十七年間もの間、聖武天皇から引き離されていたのだ。理由は、宮子が遠く、「葛城《かつらぎ》（賀茂）」とつながっていたからかもしれない。

藤原不比等にすれば、せっかく生まれた最初の「藤原の子」としての皇位継承候補から、危ない要因をできる限り遠ざけようという配慮があったのだろう。しかし、長い目でみれば、これが仇となった。

玄昉

天平九年（七三七）十二月二十七日、それは藤原四兄弟が全滅し、反藤原派が台頭しはじめたころのこと、『続日本紀』は次のような事件を記録している。

この日、皇太夫人《こうたぶにん》藤原氏、つまり聖武天皇の母・宮子は、皇后宮において、僧《そう》正《じょう》玄昉《げんぼう》法師と会ったという。その理由は、宮子が幽憂《ゆうゆう》に沈み精神を患っていたためで、聖武天皇を産んだときから別々に暮らし、一度も会ったことがなかったとする。ところが、玄昉がひとたび看病してみると、突然目が覚めたかのように、正気を取り戻した、というのだ。しかもこのとき、たまたま光明子邸を訪ねていた聖武天皇と再会した、というのだ。

じつに奇怪な記事といわざるをえない。

なぜ、玄昉に看病してもらっただけで宮子の「幽憂」がとれたのか。なぜこのとき、偶然聖武天皇がそこにいたのか。

事件の現場が光明子邸というところがみそだ。

おそらく、この事件を仕掛けたのは光明子だろう。姉宮子の悲運を見るにつけ、父藤原不比等のやり方に疑問を募らせていったにちがいないのだ。名門子女にありがちな、純粋な正義感というものが強く芽生えていったのかもしれない。

また、なにも知らず、藤原の天皇を演じつづけていた夫の姿を見るにつけ、自らが藤原の娘であることから解放され、夫と姉の真の幸せを願った結果が、宮子事件へとつながっていったのではなかったか。聖武天皇が豹変《ひょうへん》し、反藤原の天皇となっていったのが、ちょうどこのころであったのも、たしかな背景があったからと想像できる。

●タヌキに徹した晩年

藤原であることを憎み、聖武《しょうむ》天皇を愛した光明子《こうみょうし》。しかし、通説がこれを認めないのは、光明子の後半生が、どうみても藤原の女人にしかみえないからなのだ。

聖武天皇が王位を禅譲《ぜんじょう》し、娘の孝謙《こうけん》天皇が誕生すると、光明子は藤原仲麻呂《なかまろ》（恵美押勝《えみのおしかつ》）に利用されていった。

藤原仲麻呂は、孝謙天皇から太政官へとつづく律令《りつりょう》の正規の政治システムとは別に、光明皇太后……紫微中台《しびちゅうだい》というもう一本のラインを用意し、実質的な権力を手中にしようとした。

すなわち、孝謙天皇の母という光明子の立場を活用し、仲麻呂の「私的」な政府をでっち上げていたのだった。

仲麻呂は、何かにつけて光明子の権威を笠に他を威圧し、権力の伸長を目指したものだった。

また、次のような事件もあった。それは天皇御璽《ぎょじ》を太政官から奪い取ったクーデターで、このとき、聖武天皇の七十七忌が利用されている。

いきさつはこうだ。

『東大寺献物帳《けんもつちょう》』には、聖武天皇のために、その遺品を「喜捨《きしゃ》」して、東大寺に入れるための皇太后（光明子）の願文が残されている。

願文の前半には、四六騈儷体《しろくべんれいたい》の流麗な文章でありながら、やや無機質に、遺品を寄贈するいきさつがつづられている。

しかし、これには裏があった。このあたりの事情については、由水常雄氏の『正倉院《しょうそういん》の謎』（中公文庫）に詳しい。この事件は、「藤原仲麻呂と光明皇太后の無血革命を大成功させた一大モニュメント」にほかならない、とする。

理由は次のようになる。

『東大寺献物帳』には、文面全体に天皇御璽が押されている。このような代物《しろもの》は他に例がなく、また、勅《みことのり》でもないのに、天皇御璽が押されていること自体不自然だった。

では、なぜこのような文書が残ったかというと、太政官が聖武天皇の七十七忌に忙殺《ぼうさつ》されているさなかのどさくさに紛《まぎ》れ、聖武天皇の遺品を東大寺に収めるという大義名分のもと、紫微中台が天皇御璽を強奪する目的があったのだと、由水氏はいう。いかにもありそうなことだ。

問題は、これを主導したのが藤原仲麻呂としても、はたして光明子は積極的に協力したのかどうか、ということになる。

由水氏は光明子も共犯としているが、それはほんとうだろうか。

どうにも納得しかねるのが、『東大寺献物帳』の後半部分なのだ。そこには、前半とはうって変わって、心のこもった「あとがき」が添えられている。生前の聖武天皇の愛玩《あいがん》の品を見るにつけ、涙があふれて止まらなくなる……これが光明子の本心であり、独裁を目指す仲麻呂のいいなりになった振りをしながら、夫の遺品を東大寺に封じ込め、藤原氏の魔の手から守った、というのが本当のところだったのではなかったか。

その証拠に、これらの宝物は、今日多くが残り、正倉院の宝物として尊ばれ、また、このとき集められた武器類は、恵美押勝《えみのおしかつ》（仲麻呂）の乱に際し、朝廷の貴重な武器となっている。

鉄の女のイメージばかりが注目される光明子だが、この女人の真の苦しみが人々に理解される日も、そう遠い話ではないだろう。

天皇家を潰そうとした女帝・称徳天皇

●日本のラスプーチンを愛した女帝

光明子《こうみようし》の秘められた思いは、娘の孝謙《こうけん》天皇（重祚《ちようそ》して称徳《しようとく》天皇）に引き継がれた気配がある。

称徳天皇は、聖武《しようむ》天皇と光明子の間の子だった。そして、反藤原派の台頭、藤原仲麻呂《なかまろ》の反撃という大きな時代の転換期に翻弄《ほんろう》された点、母・光明子と同じような運命を背負ったといえる。そしてまた、「孝謙天皇時代」と「称徳天皇時代」は、まったくの別人のような行動をとっている。前半は猫をかぶり、藤原仲麻呂の傀儡《かいらい》に甘んじていたとするならば、後半は本性を現わした、ということだろうか。

では、称徳天皇の生涯とはいかなるものだったのか。印象的なエピソードがある。

孝謙天皇の即位が西暦七四九年、それから八年後の天平宝字《てんぴようほうじ》元年（七五七）三月二十日、孝謙天皇はとある異変に気づく。平城京《へいじようきよう》の孝謙天皇の寝殿のほこりよけの承塵《しょうじん》の帳《とばり》に、「天下太平」の四文字が浮かび上がっていたのだ。孝謙天皇はさっそく人々を寝殿に招き入れ、瑞字《ずいじ》出現を喧伝《けんでん》してみせた。

もちろん、自然に字が浮かび上がるはずはないから、茶番劇に決まっている。問題は、何を目的に、また誰がこんな子どもだましの小細工を仕掛けたのか、ということになる。

九日後、孝謙天皇は意外な行動に出た。聖武天皇の遺詔《いしょう》によって立太子していた道祖王《ふなどおう》を廃し、藤原仲麻呂の息のかかった大炊王《おおいおう》を無理を承知で皇太子に担ぎ上げてしまったのだ。その理由は、道祖王が愚かで重責を全うできないこと、孝謙天皇はかねてより密かに道祖王を更迭《こうてつ》しようと思っていて、神に祈ってその善し悪しを示してほしいと願ってみると、なんと寝殿の承塵に天下太平の四文字を得たという。

称徳(孝謙)天皇

なんのことはない、瑞字出現のカラクリは、道祖王追い落としが目的だったのだ。なんとも手の込んだというか、情けない手口ではないか。もちろん仕掛けた張本人は、大炊王を養子のように囲い込んでいた藤原仲麻呂であろう。

また当時、藤原氏と朝廷を二分していた橘《たちばな》氏が道祖王の背後に控えていたから、この無血クーデターは、橘氏包囲網の完成であり、橘氏を焦《あせ》らせて一気に潰《つぶ》そうという仲麻呂のもくろみが見え隠れしている。

この年の七月、橘奈良麻呂《ならまろ》らは道祖王らとともに謀反《むほん》を企てたとして、芋蔓《いもづる》式に捕らえられてしまう。

首謀者の処刑や流刑《るけい》が行なわれ、四百人にのぼる人々が処罰されたというから、大変な事件だった。この結果、朝廷から反藤原勢力は一掃され、藤原仲麻呂のひとり天下がやってきたのだった。

この翌年、孝謙天皇は大炊王に譲位し、ここに淳仁《じゅんにん》天皇が誕生する。藤原仲麻呂の思い通りにことは運んだことになる。

では、孝謙天皇は藤原の子として、このような陰謀に積極的に荷担したかというと、じつに怪しい。なぜそうなのかについては、これからお話ししよう。

●天皇を奴にしようとも……

ところで、橘奈良麻呂《たちばなのならまろ》のクーデターが発覚したとき、首謀者たちははじめ光明子《こうみょうし》のもとに連行されていて、ここでおもしろいことが起きていた。

「この人たちが私を殺すような計画を立てるはずはない」

として、光明子は全員解き放してしまっていたのだ。謀反《むほん》人たちはみな、びっくりして大いに感謝し、立ち去ったという。ところが、慌《あわ》てた仲麻呂がもういちど捕らえなおすというハプニングだった。

この様子をみても、光明子・孝謙《こうけん》親子が、藤原仲麻呂と与《くみ》するかのように見せかけて、心は別のところにあったことが分かる。

その証拠に、藤原仲麻呂の横暴が激しさを増すようになると、孝謙上皇は淳仁天皇を非難し、上皇対天皇という新たな権力闘争の図式をつくり上げようと躍起になった。そして、このとき、孝謙上皇が抜擢《ばってき》したのが、道鏡《どうきょう》だった、というわけだ。

天平宝字《てんぴょうほうじ》六年（七六二）五月の条に、淳仁天皇と孝謙上皇の間に決定的な亀裂《きれつ》が生じた、という記事が『続日本紀《しょくにほんぎ》』にある。両者はそれぞれ中宮院（内裏《だいり》と思われる）と法華《ほっけ》寺（光明子の邸《やしき》跡、もちろんその前は藤原不比等《ふひと》邸）に陣取りにらみ合ったという。それから間もなく、六月に入り、孝謙上皇は朝堂《ちょうどう》に五位以上の役人を集め、淳仁天皇を弾劾《だんがい》する宣命《せんみょう》を読み上げている。

「淳仁天皇は恭《うやうや》しくしたがうこともない。だから政治の小事は淳仁に任せるが、国家の大事については、私が行なう」

というのだ。

飛ぶ鳥を落とす勢いにあった藤原仲麻呂と淳仁天皇は、ここで思わぬ挫折を味わったのだ。それは、朝廷を藤原一族ではなく、藤原仲麻呂一家だけのための私物にしようとしたことへの当然の報いであり、他の藤原氏を敵に回してしまったことも大きな誤算だった。

そして、その二年後の天平宝字八年（七六四）、藤原仲麻呂はついに追いつめられ、兵を起こし、敗れるに至る。

乱を平定した孝謙上皇は、宿敵・淳仁天皇のもとに兵数百を差し向け、強烈な宣命を読み上げさせている。

「聖武天皇が私に皇位を譲られるとき、次のように述べられた。王を奴《やつこ》（奴婢《ぬひ》）となしても、奴を王といっても、私の好きなようにすればよい……」と

こういって、孝謙上皇は淳仁天皇を淡路《あわじ》国に流してしまったのだった。

●何が女帝を狂わせたのか

孝謙《こうけん》上皇が発した淳仁《じゅんにん》天皇排斥《はいせき》の宣命《せんみよう》は、あまりにも強烈な内容となっている。王を奴《やっこ》にしても、奴を王といっても、私の勝手だ、というのだ。

王と奴を同列に扱うという発想が、かりに比喩《ひゆ》、たとえ話としても、飛躍がすぎる。なぜこのような発言が天皇や皇族の口から飛び出したのだろう。

どうも聖武天皇と孝謙上皇の親子には、「天皇」という存在に対してひとつの共通する思い入れというものがあったことはたしかなことのようだ。

聖武天皇の不可解な行動の中に、「三宝《さんぼう》の奴」というものがある。天平勝宝元《てんぴようしようほう》年（七四九）夏四月、聖武天皇は東大寺に行幸し、盧舎那仏《るしやなぶつ》（大仏）に「北面」して向かい、勅して次のように述べさせている。

「三宝の奴と仕《つか》へ奉《まつ》る天皇が盧舎那仏の像の大前《おおまえ》に奏《もう》し賜《たま》えと奏《もう》さく」

この一節をさして、江戸時代の国学者たちは、さんざんな批判を加えた。「天皇としてあるまじき行為」というのだ。

理由のひとつは、まず、国家の頂点にいる天皇は、常に「南面」しなければならず、それにもかかわらず、盧舎那仏を前に「北面」してへりくだっていること、同様に、天津神《あまつかみ》の子である天皇が、「仏」の下僕《げぼく》（従者）になり果ててしまっていることを、「けしからん」というのだ。

たしかに、神道によって正当性を認められた天皇家の一員としての聖武天皇が、仏教に深く帰依《きえ》し、「神が仏に頭を下げた」のは、国学者からみれば、「不謹慎」なことに映ったのだろうし、厳密に考えれば、おかしなことだ。いったい聖武天皇は何を目論《もくろ》んでいたのだろう。

重祚《ちょうそ》した称徳《しょうとく》天皇も、どこの馬とも知れぬ僧・道鏡《どうきょう》を寵愛《ちょうあい》し、これを天皇に押し上げようとした。また、「現役の天皇」で最初に「出家」してしまったのが、この称徳天皇で、神道最大の祭り「大嘗祭《だいじょうさい》」に仏僧を参加させた点、やはり異色の天皇といえる。

いったい、なぜこの親子は不可解な行動にでたのだろう。

ここで考えられるのは、次の一点だ。すなわち、「藤原のための天皇」ならば天皇などという王権はないほうがまし、という発想が彼らにはあったのではなかったか。

聖武天皇にしてみれば、藤原氏は大切な母を幽閉し、また、朝堂《ちょうどう》を独占しようとした悪魔であり、また称徳天皇にしても、藤原仲麻呂《なかまろ》という怪人と対決している。藤原仲麻呂は、一族ではなく一家だけのために国家を食い物にしている。日本の歴史を考えれば、このような独裁者の出現こそ異常な事態なのであって、もしその独裁者が「天皇」を利用しつづけるのならば、このシステムを根底から突き崩したいという野望が「天皇自身」に芽生えたとしてもなんの不思議もない。

●宇佐八幡宮神託事件の怪

聖武《しょうむ》天皇は「藤原の子」である一方で、天武《てんむ》天皇の血を引いている。母・宮子との再会によって藤原の実態を知り、「天武の子」であることに目覚めたのであろう。

そして、天武の子は「蘇我《そが》の子」でもある。五世紀来、独裁王と対決してきたものどもの血を引いていることを、誇りにしたのかもしれない。少なくとも、この気概が娘の称徳《しょうとく》天皇に遺伝していたことは、十分考えられる。

この称徳天皇が引き起こした最大の事件が、宇佐八幡宮神託《うさはちまんぐうしんたく》事件だった。ちなみに、宇佐八幡宮とは、大分県宇佐市の宇佐八幡宮で、祭神は応神《おうじん》天皇・神功皇后《じんぐうこうごう》・比売大神《ひめのおおかみ》の三柱だ。

さて、一般に、道鏡と称徳天皇の仲は、やや低俗な話題としてのぼることが多い。しかし、そればかりに気をとられていると、「天皇家の危機」の本質をつかむことはできない。また、このとき、和気清麻呂《わけのきよまろ》の体を張った活躍が喝采《かっさい》を浴びているが、正義が反道鏡側ばかりにあったのではないことも疑っておく必要がある。

事件のいきさつはおおよそ次のようなものだ。

そもそも道鏡は、雑密の呪法《じゅほう》で孝謙天皇の病気を快癒《かいゆ》させた縁で、女帝に寵愛《ちょうあい》されていくことになる。

恵美押勝《えみのおしかつ》の乱から三年後の天平神護《てんぴょうじんご》元年（七六五）には、道鏡は太政大臣禅師《ぜんじ》に任じられ、実質上の最高権力を握ることになる。律令《りつりょう》制度にいう太政大臣と同等の地位だった。それればかりか、その翌年には、「法王」という地位に押し上げられ、天皇に準じる扱いを受け始めたのだ。

事件の発端は、神護景雲《じんごけいうん》三年（七六九）、大宰主神《だざいのかんずかさ》・習宜阿曾麻呂《すげのあそまろ》が、上奏してきた宇佐八幡の「神託」であった。

「道鏡をして皇位につかしめば、天下太平ならむ」

というのだ。

さっそく称徳天皇は、和気清麻呂を丸め込んだつもりで宇佐八幡宮に遣わし、神

宇佐八幡宮　大分県宇佐市にある豊前国一宮

託が「たしかに下っていたこと」を確認させようとしたのだった。

ところが、和気清麻呂は称徳天皇の期待を裏切り、最初の報告とはまったく異なる神託を都にもたらしたのだった。

「道鏡ではなく、天皇家の末裔《まつえい》をたてよ」というのだ。

おそらく和気清麻呂は、藤原氏のご機嫌を損ねまいと思ったのだろう。いずれ藤原氏の勢力が盛り返すという読みもあったにちがいない。

こうなると、タヌキの化かし合いの様相となる。

結局、道鏡擁立は失敗し、称徳天皇の没後、道鏡は失脚する。

いったい、この事件はなんだったのだろ

皇居の濠を隔てて立つ和気清麻呂銅像

う。

いろいろな意見がある。普通、和気清麻呂の「武勇伝」として語られるが、このような勧善懲悪《かんぜんちょうあく》ではなく、もっと別の意味合いが隠されていたというべきだろう。

道鏡擁立の神託を都に伝えた習宜阿曾麻呂は物部《もののべ》同族であり、さらに道鏡自身も物部であった疑いが強いのだから、藤原氏の手で没落させられた物部氏の最後の抵抗とみてもおもしろい。

また、称徳天皇の立場からみれば、藤原に対する当てつけに、「天皇」を神武以前の「太古」に戻そうとする試みだったかもしれず、要するにそれは、独裁を目指した俗政権藤原氏と、天皇家の暗闘のなれの果て、ということができようか。

第四章

伝説のヒーローたち

薬師寺三重塔(外観は六重に見える)

コラム——見直される神話と歴史のつながり

日本の神話といっても、東南アジアや朝鮮半島、中国大陸ばかりでなく、遠くインドやギリシャに残される多くの神話と共通点が多いとされている。

たとえば、大国主神《おおくにぬしのかみ》や事代主神《ことしろぬしのかみ》などの出雲《いずも》神話だけでなく、ヤマトタケルや浦島太郎といった話の原型も、ほとんどの場合、海の外からやってきたと考えられている。

したがって、これらの逸話が史実であったと考える学者はほとんどいない。

しかし、話の原型は彼我《ひが》のものとしても、日本的な話にアレンジしていく過程で、歴史的事実を織り込んでいったという可能性がまったく消えたわけではない。

その証拠に、浦島太郎の話は、蘇我《そが》氏の祖・武内宿禰《たけのうちのすくね》の生涯によく似ているし、『風土記《ふどき》』に載る天羽衣《あまのはごろも》伝承は、のちの天皇家にさまざまな影響を及ぼしていた。

また、神話の大部分を占める「出雲」が、考古学の進展によって、実在していた疑いが強くなってみると、神話を単なるおとぎ話として放置しておくこともできなくなってきている。

ついでまでにいっておくと、やはり考古学の進展によって、これまで「神話」にすぎないと決めつけられてきた「神武東征」も、なにかしらの史実を背景にしていた疑いが出てきているのだ。

もっとも、まだしばらくは、このような考えはなかなか取り上げられないだろうが、少なくとも、賢明なる読者には、いち早く神話と歴史のつながりについて、知っておいてほしいと思うのだ。

だれもまだ手をつけていないけれども、いや、だからこそ、神話には宝の山がざくざくと隠されているのだ。

スサノオと出雲の謎

●出雲神話はほんとうにおとぎ話か

出雲神話といえば、まずはスサノオということになる。

スサノオは、イザナギ・イザナミから生まれた神で、天皇家の大切な皇祖神・天照大神《あまてらすおおみかみ》の弟に当たる。

イザナギとイザナミは、天照大神が光り輝いていたので、天上界を支配させ、スサノオには根の国（地上界）を支配させようと考えた。

いざ、根の国に去ろうとするスサノオだが、最後に一目、姉に会いたいと戻ってくる。そのさまはまるで雷のようだったため、スサノオに高天原《たかまのはら》を奪う心があると疑った天照大神は、ここで誓約《うけい》を行ない、スサノオは、清廉潔白を証明する。ちなみに、この誓約で生まれ出たのが北部九州の海の神・宗像《むなかた》神だった。

ところが、ここからスサノオの乱暴狼藉《ろうぜき》がはじまった。恐れをなした天照大神は、天の岩屋戸に閉じ込もり、深い闇が訪れた。そこで天鈿女命《あめのうずめのみこと》や天手力男命《あめのたぢからおのみこと》た

熱田神宮　三種の神器のひとつ草薙剣を祀る

ちが宴会を開いて、これをおびき出す。

いっぽうスサノオは、高天原を追放され、地上界に舞い下り、ここから人が変わったかのように、出雲建国に邁進《まいしん》する。また人身御供《ひとみごくう》としてさらわれそうになっていた櫛名田比売《くしなだひめ》を八岐大蛇《やまたのおろち》から救い、出雲に宮を建てたのだった。

ちなみに、熱田神宮が祀《まつ》る天皇家の三種の神器のひとつ、草薙剣《くさなぎのつるぎ》は、この八岐大蛇のしっぽから出てきたものだ。

そして、スサノオは、出雲に何人もの子を産んで、役目を終える。

ここから先は、先述の大国主神やその子の事代主神の話へと移っていくわけだが、スサノオとはいったい何者なのだろう。

まったくのおとぎ話と捨て置いていいの

だろうか。

　スサノオといえば、京都の八坂《やさか》神社の祭神として名高い。これは、平安時代、疫《えき》病《びょう》がはやったとき、蘇民将来《そみんしょうらい》（疫病除けに用いる護符《ごふ》）伝承や牛頭天王《ごずてんのう》信仰がスサノオに結びついて祀られたものだが、このことから、スサノオが渡来系の神だったのではないかとする考えがある。牛頭天王＝牛から、遠く中近東とのつながりを疑うものもいる。

　また、『日本書紀』には、スサノオが出雲に入る前、最初新羅《しらぎ》に舞い下り、ここで木の種を手に入れてもって帰ってきたとある。このため、スサノオが新羅出身だったとする説もある。どれも興味深い指摘といえるが、それよりもここで触れておきたいのが、『新羅本紀』の一節なのだ。

　それは新羅の王家・昔《せき》氏の祖・脱解《だっかい》の話で、それによると、倭国《わこく》（日本）の東北にある「多婆那《たばな》国」で王女が産み落とした大きな卵を黄金の櫃《ひつ》に入れ、舟に乗せて流した。それが辰韓《しんかん》の地に漂着し、この卵から生まれた男の子がのちに脱解王になったという。

　ここにある多婆那国は架空の国だろうとされているが、興味深いのは、脱解王が「鍛冶王」を自称していたことで、これは、「燃料」のための木材を重視したスサノオに通じる。出雲といえば、鉄のイメージがある。

また、『三国史記』には、脱解王が倭人であったかのような記述がある。多婆那国は、倭国の東北千里という具体的記述もある。『三国遺事《さんごくいじ》』は、その多婆那国の王が「大王」だったとしている点も無視できない。大王は天皇号成立以前の日本の王の称号にほかならない。

スサノオが新羅に舞い下り、そののち出雲に入っていたのなら、この脱解王とスサノオの間に、何かしらの因果関係があったのではあるまいか。

スサノオには、まだたくさんの秘密が隠されていそうだ。

●考古学が覆した古代史の常識

出雲《いずも》神話と歴史はどうつながるのだろう。

かつて出雲からは、「神話の大きさ」に見合うだけの遺跡が発見されなかった。そのため、「出雲はヤマト朝廷の反対の概念として創作されたにすぎない」という考えが根強かった。

しかも出雲が、ヤマトから見て西北西、日の沈む方角に当たり、黄泉《よみ》の国の入り口に当たっていたから、余計「出雲不在」説は、強い支持を受けているものだ。

ところが、近年の考古学の進展によって、「ひょっとすると」ということになってきている。出雲神話がまったくのでたらめでもない可能性が出てきたのだ。

たとえば、スサノオが倒した八岐大蛇《やまたのおろち》は、「越《こし》」にいたと神話はいう。いっぽう考古学は、ヤマト建国の直前、山陰地方を中心に発達した四隅突出型墳丘墓《よすみとっしゅつがたふんきゅうぼ》が、北陸地方に広まっていったことを突き止め、「神話」に符合するようになった。『出雲国風土記』の国引き神話でも、やはり越を出雲に引き寄せたといっている。

また、出雲大社の本殿近くで、巨大な木柱の跡が発見され、想像を絶する「高層ビル」がそびえていたことが確認され、波紋を投げかけた。

こうしてみてくると、伝承というものは、なかなか馬鹿にできないことが分かる。

●スサノオの狼藉と天皇家

スサノオといえば牛頭天王《ごずてんのう》が有名なので、これを無視しておくことはできない。いったい牛頭天王とは何者なのか。

牛頭天王が祀《まつ》られる京都の八坂《やさか》神社は、もとは「祇園社《ぎおんしゃ》」と呼ばれていた。京都の華やかなイメージをもつ土地「祇園」も、ここからきている。西暦八七六年に疫《えき》

八坂神社　京都市祇園町に鎮座。祭神はスサノオ

神社の脇に祇園寺として建立されたのが始まりだ。

祇園とはインドの須達《しゅだつ》長者が釈迦《しゃか》のために建てた祇園精舎《しょうじゃ》の略で、その守護神が牛頭天王だったということになる。それにしても牛の頭がなぜ守護神なのだろう。

牛頭は、インドの「牛頭山」からきている。牛の頭に似ている山だから「牛頭」で、この山から多くの薬草が採《と》れたのだ。そこで、牛頭天王は疫病から人々を守る神と信仰された。この牛頭天王が中国に伝わり道教のフィルターを通って、日本に伝わった。

では、なぜ牛頭天王がスサノオとつながっていったのだろう。

もっとも古い記録は、『備後国風土記《びんごのくにふどき》』

逸文《いつぶん》の蘇民将来《そみんしようらい》伝説で、そこには、次のような説話がある。

その昔、武塔《むとう》の神がこの地を訪れたときのこと。日が暮れてしまい、二人の「将来」というもののところに宿を乞うた。金持ちの弟は拒み、貧しい兄・蘇民将来はもてなしてくれた。

何年かして、武塔の神はこの地に再びやってくる。そして、蘇民将来の娘たちに「茅《ち》の輪《わ》を腰に巻け」と教え、その夜、茅の輪をつけていないものを、みな殺してしまったという。

武塔の神は、自分がスサノオであること、のちに疫病《えきびよう》がはやったら、蘇民将来の子孫と名乗り、茅の輪を腰に巻けば、病魔から救われるだろう、といったという。

ここに登場する武塔の神は、あまり聞き慣れない名だが、これこそ、牛頭天王と同一とされる神だった。そして、『備後国風土記』逸文が、平安時代に書かれたものと考えられているから、スサノオと牛頭天王のつながりも、ほぼこのころのことと考えられている。

平安時代は、神道と仏教が混ざり合っていく（神仏習合）時代であるとともに、怨霊《おんりよう》を恐れる御霊信仰《ごりようしんこう》もさかんになって、守り神として〝強い神〟が求められていった。だからこそ、神道のスサノオとインドの仏教の神・武塔の神（牛頭天王）が重なっていったと考えられる。

スサノオが最初に降り立ったのは新羅《しらぎ》の「ソシモリ」で、これは韓国語で「牛の頭」「牛の首」となり、このことも、スサノオと牛頭天王を結びつける材料になったのかもしれない。

●スサノオと蘇我氏の知られざるつながり

いったい、スサノオに代表される出雲《いずも》神とは何者なのだろうか。

こういうことがいえるのではなかろうか。

三内丸山《さんないまるやま》遺跡には、巨木を用いた高層建築がそびえていた。この縄文《じょうもん》の技術は、しだいに日本海沿岸を南下し、また西に向かい、北陸地方に巨木文化を伝えたと考えられる。

スサノオ

縄文人の交流は列島はおろか中国大陸にも及んでいた疑いが強くなっていて、その点、北陸に伝わった「木」の文化・文明は、当然のことながら、山陰地方にも影響を及ぼしたであろう。

やがて、弥生時代や古墳時代、さらには飛鳥《あすか》・奈良時代へと時代は移り、法隆寺や東大寺が建立され、その高度な技術にも、縄文の「技」が伝承されていた。そして平安時代、めぐりめぐって出雲に巨大な社殿が建立されたのも、このような縄文から引き継がれた日本列島の「木」の文化の輪廻《りんね》と考えることができる。

つまり、出雲とは、縄文以来の文化、しかもそれは北や東から押し寄せた文化であり、さらに、これに日本海を股《また》にかけた朝鮮半島との交流によって新たな潮流をつくり出す起爆剤《きばくざい》となった土地ではないかと思えてくるのだ。

今日でこそ日本海側はさびれた印象があるが、古代から近世に至るまで、この地は大陸や半島にもっとも近い表玄関だったという事実を見逃してはなるまい。だからこそ出雲神は、渡来系ともいわれるのだが、そうではなく、縄文という土着民と渡来人が混じり合った、「列島人」であったというほうがむしろ真実に近かったのではあるまいか。

彼らが主体となって建設したヤマト朝廷は、けっして土着の文化を捨てなかったし、また、渡来の文化を自在に吸収する柔軟性ももち合わせていたのだった。そして、その象徴が前方後円墳だったということができよう。ヤマト朝廷が渡来人による征服王朝だったのなら、いったいどこの埋葬文化がヤマトに「強制的に」移植されたというのだろうか。ヤマトの前方後円墳が世界でも独自なのは、日本各地の文化が集まってできたからにほかならない。

そしてこのような出雲の伝統は、物部《もののべ》氏や蘇我《そが》氏などに引き継がれたと考えられる。

すでに触れたように、蘇我氏と出雲は少なからず接点をもっていた。出雲大社の裏のスサノオを祀《まつ》る摂社《せっしゃ》が素鵞《そが》神社だったこと、蘇我氏が物部の血を引いていること、蘇我氏の七世紀の拠点・飛鳥の中心に出雲神が祀られていることも意味のないことではあるまい。

実在した？　しない？　大国主神の正体

●大国主神と因幡《いなば》の素《しろ》(白)ウサギ

出雲《いずも》神話というと、もっとも有名なのは、スサノオの八岐大蛇《やまたのおろち》退治と、大国主《おおくにぬし》神《かみ》の因幡《いなば》の素《しろ》ウサギということになろうか。スサノオの話はあとでもういちど触れるから、ここでは、まず大きな袋をかついだ大国主神と鰐《わに》に身ぐるみはがされたウサギの話をしておこう。

因幡の素ウサギというと、どうにものどかなイメージがつきまとうが、実際はどうだったのだろう。「ほんとうは怖《こわ》かった出雲神話」。ん？

因幡の素ウサギは、『日本書紀』ではなく『古事記』に出てくる神話なのだが、それにしても奇妙な話で、淤岐島《おきのしま》のウサギがこちらの岸に渡ってこようと、一計を案じた。鰐《わに》とどちらが一族の数が多いか、競ってみようともちかけたのだ。それならばと一列に並んだ鰐の背をぴょんぴょん飛び越えていく。最後に、騙《だま》されたことに気づいた鰐は、ウサギを捕《つか》まえ、毛皮を剝《は》いでしまう。

そこに通りかかったのが、出雲の神々。彼らは、泣いているウサギに、「海に入り、風に当たればよい」と教えた。それを信じてやってみると、痛くてたまらない。ちょうどそこにやってきたのが、いつも兄たちにいじめられていた大国主神（大己貴神《おおなむちのかみ》）だった。

ウサギの苦しむさまを見て、「すぐに水を浴び、蒲《がま》の花を敷き散らして、そのうえで転げ回れば、きっとよくなる」と教える。ウサギはそのとおりにして、ようやくもとの姿に戻ったという。めでたしめでたし。

さて、まったくの作り話と思われてきた因幡の素ウサギだが、それだけで終わっ

白兎伝承地　神話「因幡の白兎」で有名な白兎神社

てしまっては、おもしろくもなんともない。この話には、それなりの意味があるかもしれないのだ。

たとえば、山陰地方で、弥生時代から古墳時代にかけての、薬づくりと関わりのありそうな特殊な形の土器が出土している。そして、『出雲国風土記』には、まるで、神話を裏づけるかのように、薬になる植物が生えている、と記録されている。

出雲と関わりをもったスクナヒコナという神は、日本全国で薬の神として祀《まつ》られてもいる。

どうやら出雲は薬と強く結ばれていたらしい。大国主神の「医者」としての活躍にも、深い歴史が横たわっていたということか。

それからもうひとつ気になること。

因幡は、『古事記』には、「稲羽」とある。この稲羽がくせ者で、大国主神を祀る出雲大社の特殊神事には、「稲荷《いなり》神社」の伝承に登場するのとそっくりな「翁」が大事な役目を負っている。「稲羽」と「稲荷」が似ているというだけではない。稲荷神社の神・倉稲魂神《うがのみたまのかみ》にも「稲」の字が入っている。この「ウガノミタマ」にはウサギの「ウ」が入っている。この「ウ」は、本来ウサギの「ウ」ではなく、「鵜《う》飼《かい》」の「ウ」であり、宇佐《うさ》神宮の「ウ」と同じ意味をもっていたのではないかと思える節がある。

大分県の宇佐と出雲と京都の稲荷神社が「ウ」でつながるのは、偶然ではない。ここには深い歴史背景が隠されている。

ちなみに、ここにある「ウ」のつく宇佐とは、称徳《しょうとく》天皇の時代の宇佐八幡の宇佐だ。

●大黒様のモデル

大国主神《おおくにぬしのかみ》といえば、後世大黒様《だいこくさま》として日本中で信仰されていくことになる。大黒様とともに肩を並べるのが恵比須様《えびすさま》で、こちらは大国主神の子・事代主神《ことしろぬしのかみ》がモデルだ。

大黒様は頭に大きな頭巾《ずきん》をかぶり、そのさまが男性のシンボルに似ているところから（古い大黒様を見つけたときは、よーく観察してみるといい）福徳の神、万物の豊饒《ほうじょう》の神としても信仰された。

ところで、『日本書紀』の出雲神話には、大国主神の別名が信じられないほど出現している。大物主神《おおものぬしのかみ》・大己貴神《おおなむちのかみ》もその中のひとつで、すべて同一神ということになるが、本当のところはちょっと違うようだ。

ヤマトの最大の聖地三輪山《みわ》に祀《まつ》られる大物主神と、出雲大社に祀られる大国主神（大己貴神）は、まったく別の存在だった疑いが強い。ヤマトの大物主神は、物部《もののべ》氏の始祖・ニギハヤヒであったと指摘したが、いっぽうの大国主神は、出雲国造《くにのみやつこ》と同じように、天孫族であった可能性がある。

じつをいうと、この大国主神の正体というものが、古代史最大の謎といってよく、あらゆるカラクリを駆使して、『日本書紀』が真相を抹殺《まっさつ》してしまっている。

大国主神の謎は、ヤマト建国や邪馬台国《やまたいこく》の謎でもあった。

私見に従えば、ヤマト建国は、出雲からやってきた大物主神（ニギハヤヒ）がまず基礎をつくり、そのあとから九州の神武《じんむ》天皇（崇神《すじん》天皇）が招き寄せられる形で成立した。

したがって、ヤマトは「出雲の神」から「禅譲《ぜんじょう》」されたのであった。いっぽう、『日本書紀』は、出雲の大国主神が、天孫族から国土を奪われたかのような神話を用意している。したがって、この国譲りこそ、ヤマト建国の史実を神話にして、天皇家のヤマト支配の正当性を訴えていたものと考えることもできる。

しかし、不可解なことがある。

出雲大社の特殊神事に「身逃げの神事」があって、この中で、大国主神の御魂《みたま》になりかわって、禰宜《ねぎ》が「夜逃げ」をするまねごとをしている。

それだけではない。

出雲には、「大国主神」の直系の末裔《まつえい》を自称する一族が「現存」する。彼らは、出雲の国譲りに際し、「天孫族」に出雲が簒奪《さんだつ》されたこと、そのとき事代主神《ことしろぬしのかみ》は天孫族に呪《まじな》いをかけ、抗議の自殺をし、大国主神は洞窟に閉じ込められ殺されたのだと伝承しているという（『謎の出雲帝国』吉田大洋・徳間書店）。

ヤマトで王権を禅譲した「出雲」が、神武天皇に恭順したことを示すならば、堂々と「昼下がり」に宮から出ていけばいいのであって、夜逃げをする必要はない。とすると、この神事はいったい何を表わした祭りなのだろう。

大国主神を祀る出雲大社

なぜ大国主神の末裔たちは、いまだに天孫族を恨《うら》んでいるのだろう。

ヤマト建国の直前、「九州」と「出雲」の間に、知られざる事件が起きていたのではあるまいか。

●大国主神と出雲の国譲り

大国主神《おおくにぬしのかみ》と出雲《いずも》国譲りの秘密は、邪馬《やま》台国《たいこく》のトヨが握っていた。

すでに触れたように、トヨ（神功皇后《じんぐうこうごう》）は卑弥呼《ひみこ》を殺して邪馬台国の王権を奪った疑いが強い。ただ卑弥呼の死後、男の王が立ったとしている。しかし混乱が起き、そこでトヨが擁立されたと『魏志《ぎし》』倭人伝《わじんでん》に記されている。

これはどういうことかというと、トヨと

同一人物の下照姫《したでるひめ》(拙著『封印された日本創世の真実』KKベストセラーズ)の夫・天稚彦《あめわかひこ》の生涯にヒントが隠されている。この神は、天孫族が出雲切り崩しの工作員として送り込んだにもかかわらず、出雲に同化し、挙げ句の果てに天孫族に殺されてしまう悲劇の神だった。

神功皇后の夫・仲哀《ちゅうあい》天皇の名が「仲を哀《かな》しむ」とあったのにも、深い意味があったのだ。そして、この悲劇の神が大国主神その人だったと考えることで、多くの謎が解けてくる。このあたりの事情は入り組んでいるので、このあとの浦島太郎のところでも触れてみたい。

つまり、出雲の国譲りとは、天稚彦(大国主神)の死と、その後に起きたトヨの悲劇を重ねたものだったのではないかと想像がつくのだ。大国主神が身内の神々にいじめられたという神話も、このようないきさつの中から生まれたものだっただろう。

トヨはヤマトにも裏切られ、九州から日本海づたいに北陸に逃れ、このあたりで入水《じゅすい》している。この間、出雲に立ち寄ったことがあっただろうし、のちのヤマト朝廷は、トヨや天稚彦の「祟《たた》り」を出雲に祀《まつ》ることで必死に消し去ろうとしていたのではなかったか。

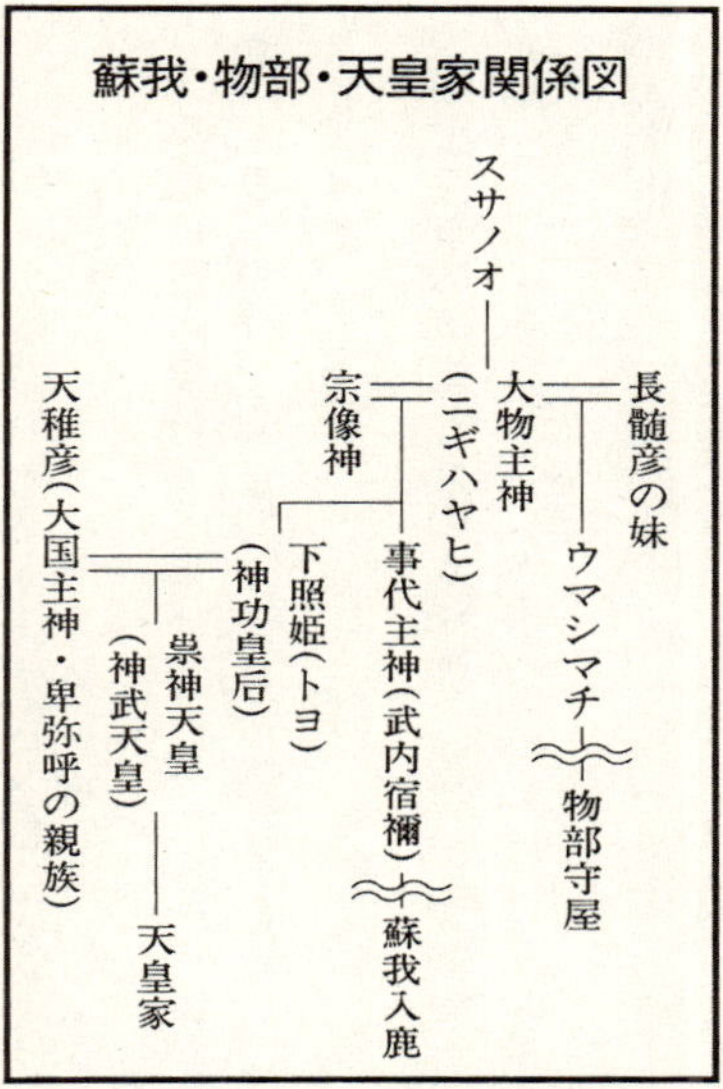

ついでにいっておくと、トヨ（下照姫）と大国主神（天稚彦）の子は、このとき南九州の日向《ひむか》の隼人《はやと》に預けられ、のちに東遷して崇神《すじん》（神武）天皇となったと思われる節がある。また、初代崇神天皇（神武天皇）の即位直後、民衆は疫病《えきびょう》と飢饉《ききん》に悩まされ、国状が安定しないことを憂えて占いをしてみると、大物主神の祟りということが分かり、これを丁重に祀《まつ》ったとある。

これも不可解な記述で、大物主神は物部《もののべ》氏の祖・ニギハヤヒと同一人物だから、彼は歴史の勝者であり、祟る理由がない。とすれば、大物主神は娘の下照姫の悲劇を恨んで出たという疑いも出てくる（もちろん、そう判断したのは当時の為政者《いせいしゃ》なのだが）。

このあたりの人脈はかなり複雑だが、要するに、崇神（神武）天皇の母親はトヨであって、その父が大物主神（ニギハヤヒ）という図式から（前頁の系図参照）、このような出雲重視の祭祀形態が生まれていったのだろう。

天皇家の不可侵性も、出雲神の祟りと深い関わりがある、ということがこれで了解できる。後世、天皇家の呪力《じゅりょく》が恐れられたのは、トヨの恨みと関わりがあったといえよう。

●ヤマトのほんとうの太陽神

さて、大国主神《おおくにぬしのかみ》と同一とみられがちな大物主神《おおものぬしのかみ》についても、もう少し考えてみなければならない。

戦後、建国記念日となった日本の誕生日は、かつて紀元節と呼ばれていた。このなかで、天皇は平安時代から、園神《そのかみ》・韓神《からかみ》祭りというものを行なっていた。それぞれの祭神は、園神が大物主神で、韓神が大己貴神《おおなむちのかみ》（大国主神）と少彦名神《すくなひこなのかみ》、どれも出雲にかかわる神だ。

ここで、大物主神と大己貴神が明確に峻別《しゅんべつ》されていることも興味深いが、もっと大切なことは、日本の誕生日に、天皇家が出雲神を祀っていたという事実ではあるまいか。

大神神社　三輪山を神体とし神殿を設けていないことで知られる

それから、もうひとつ指摘しておかなければならないのは、大物主神と同一とみられるニギハヤヒの諡号《しごう》（死後贈られる尊称）が、天照国照彦《あまてらすくにてらすひこ》天火明《あまのほあかり》櫛玉《くしだま》饒速日《にぎはやひの》尊《みこと》で、この中に太陽神を暗示させる「天照」の二文字が冠せられていることだ。

ヤマト最大の聖地三輪《みわ》山は、大物主神を祀《まつ》る聖なる山として知られるが、その麓の大神《おおみわ》神社の周辺には、奇妙な伝承が残されている。

それによると、三輪の神（大物主神）と伊勢の神（天照大神）が、異名同体だった、というのだ。大物主神は男性で天照大神が女性だと『日本書紀』は証言しているから、このような伝承はじつに怪しい、ということになる。

しかし、『日本書紀』は天照大神を、はじめ大日孁貴《おおひるめのむち》と呼び、この神が本来は太陽神ではなく、太陽神を祀る巫女《みこ》だったことを認めている。

それもそのはずで、太陽神の性格は常に光を出しつづける「陽」で、男性的なものだった。したがって、『日本書紀』のほうが、無理矢理太陽神を女性に仕立て上げてしまった、というのが本当のところなのだ。ということは、三輪の大物主神こそ、本来のヤマトの太陽神であった疑いは強くなる。

その証拠に、三輪山周辺の物部系の神社や、その他の「聖点」を地図のうえで結んでみると、秋分・夏至・秋分・冬至に三輪山から昇る太陽を観察する場所に位置していたことが分かる。三輪山はヤマトの太陽信仰の支配者であり、この事実が『日本書紀』によって抹殺されたということになる。

浦島太郎の正体

●想像以上に古い浦島伝説

浦島太郎が古代史の秘密を握っていたといえば、思わず眉《まゆ》に唾《つば》するにちがいない。しかし、浦島太郎が分からなければ、真のヤマト建国の真相が理解できないといっても過言ではない。

だいたい、『古事記』の神武天皇東征の場面で、瀬戸内海の向こうから、釣り竿をもった男が、亀に乗ってあちらからやってきたという記述すらあるのだ。この格好は、どこからどうみても、浦島太郎ではないか。

その男は、国津神《くにつかみ》であることを名乗って、神武天皇の先導役、水先案内人を買って出たという。

それにしても、いったいどういう理由で、ヤマト建国の直前、「浦島もどき」が登場していたのだろう。

そもそも、浦島太郎がなぜ古代史にからんでくるのか。

「むかし、むかし、浦島は、助けた亀に連《つ》れられて……」と聞けばだれもが知る浦島太郎伝説は、歌で覚えられている場合が多い。したがって、この伝説がそれほど古いものという印象はない。しかし、伝説の根を掘り下げていくと、思いもよらぬ「太古」へ行き着いてしまう。

もっとも古い記録は『日本書紀』で、雄略《ゆうりやく》天皇二十二年七月の条には、次のようにある。

丹波国《たんば》（のちの丹後《たんご》）余社郡《よさ》（京都府与謝郡《よさ》）管川《つつかわ》（同郡伊根町《いね》筒川《つつかわ》）の人、瑞《みず》の江《え》（水の江）の浦島子《うらしまのこ》が船に乗って釣りをしていると、大亀が引っかかり、これが女人に変じた。浦島子は驚き喜んで妻にし、海に入り、蓬萊山《ほうらい》に至り、仙衆《せんしゅう》（仙人）たちと巡り会った。このあたりの事情は、別巻（散逸している。あるいはもともとなかった）に詳しく書いてある、というのだ。

『日本書紀』だけではない。元明《げんめい》天皇の和銅六年（七一三）に編纂が命じられた『風土記《ふどき》』にも、浦島太郎は登場する。

『丹後国風土記』がそれで、丹後国与謝郡、日置《ひおき》の里に筒川村があって、住民日下部首《くさかべのおびと》の先祖の名を、筒川の島子といった。容姿端麗、風流で雅《みやび》やかなこと類ない人物であった。これが水の江の浦島の子という人物で、ここから今日に伝わる浦島太郎伝説の「原型」となる話がつづいていく。

意外にも、『万葉集』も浦島について黙っていなかった。巻九―一七四〇には、高橋連虫麻呂《たかはしのむらじむしまろ》の「水江の浦島の子を詠《よ》む一首」があって、浦島伝説が歌にも詠まれていたことが分かる。

こうしてみてくると、少なくとも八世紀の時点で、「浦島太郎」がすでに「昔話」になっていたこと、人口に膾炙《かいしゃ》した伝承になっていたことだけは確かなようだ。

それにしても、古代を代表する文書のことごとくが浦島太郎に饒舌《じょうぜつ》だったのはどうしたことだろう。

多くの秘密の隠された神武東征に浦島もどきが登場したのも、深い意味が隠されていたのだろうか。

●海幸彦・山幸彦神話と浦島のつながり

浦島太郎は助けた亀に連れられて、竜宮城にいった、というのがおとぎ話のストーリーで、『丹後国風土記《たんごのくにふどき》』は、浦島が亀を釣り上げた、としている。

一方、浦島伝説とそっくりな神話が、別の形で『日本書紀』に載っている。それが海幸彦《うみさちひこ》・山幸彦《やまさちひこ》神話で、二つの話の登場人物を入れ替えれば、ほとんど同じ内容といっていい。

ただ、少しずつ差はあって、その差の中に、重大な意味が秘められているから、海幸彦・山幸彦神話のあらましをみておこう。

さて、出雲の国譲りののち天孫降臨を果たしたニニギの子の二人、火闌降命《ほのすそりのみこと》は海の幸を、弟の彦火火出見尊《ひこほほでみのみこと》は山の幸を採って生業《なりわい》にしていた。

ある日、両者がお互いの幸を交換して狩りと漁に出たが、彦火火出見尊は、兄の大事にしていた釣り針をなくしてしまう。代わりのものをつくって返しても、兄は許さなかった。

困り果て、浜辺をさまよう彦火火出見尊の前に、救いの神が現われる。それが塩《しお》土老翁《つつのおじ》（「しおつちのおじ」とも）で、彦火火出見尊を籠《かご》に入れて、海に誘い、彦火火出見尊は海神の宮、竜宮城にたどり着く。

ここで海神の娘・豊玉姫《とよたまひめ》と結ばれた彦火火出見尊は、三年間とどまる。しかし、故郷が恋しくなった彦火火出見尊は、海神から釣り針を受け取ると、陸に戻ったのだった。ただこのとき、豊玉姫は、身籠《みご》もっていることを告げる。後日、海の荒れた日に浜辺に産屋《うぶや》をつくって待っていてほしい、という。

はたして、豊玉姫は妹の玉依姫《たまよりひめ》を連れてやってくる。ところが、産屋をのぞいてはいけないといういいつけを彦火火出見尊が破ったために、破局が訪れた。海と陸の道を閉ざして豊玉姫は、竜宮城に帰っていったのだった。このとき産まれた子が彦波瀲武鸕鷀草葺不合尊《ひこなぎさたけうがやふきあえずのみこと》で、彦波瀲武鸕鷀草葺不合尊と玉依姫の子が神武天皇で、一方の海幸彦・火闌降命は南九州の隼人《はやと》の祖になったという。

それにしても、天皇家の神話が、浦島太郎伝説とそっくりなのはどういう理由なのだろう。

一般に、この神話は隼人の始祖伝承、あるいは天皇家の隼人支配という歴史が伝承となったのではないか、とされている。

また、神話の原型が、広く東南アジアに広がっているため、これを「歴史」として捉《とら》えられることはない。

話の「素《もと》」が他にあることはたしかなことだ。だがしかし、主人公が「豊玉姫」であり、塩土老翁が登場するところに、話の「妙」がある。

塩土老翁は日本を代表する海神・住吉神《すみよしのかみ》と同一であり、また、出雲神・事代主神《ことしろぬしのかみ》、蘇我《そが》氏の祖・武内宿禰《たけのうちのすくね》と同一だからだ（拙著『封印された日本創世の真実』KKベストセラーズ）。しかも、豊受大神《とようけのおおかみ》と同様、「トヨ」の名をもつ海神の娘・豊玉姫の存在が、妙に引っかかる。

●台与とつながる浦島太郎

やはり鍵を握るのは「トヨ」のようだ。

海幸彦《うみさちひこ》・山幸彦《やまさちひこ》神話が浦島伝説にそっくりで、「豊」玉姫が登場したのも意味のないことではない。浦島のまわりにも「トヨ」がいるからだ。

浦島伝説の本場は丹後《たんご》半島だが、丹後国一宮《いちのみや》に籠《この》神社があって、主祭神は尾張氏の祖・天火明命《あまのほあかりのみこと》で、これは物部《もののべ》氏の始祖・ニギハヤヒと同一人物だ（物部氏と尾張氏は同族）。そして、籠神社にはもう一柱、重要な神が鎮座している。それが豊受大神《とようけのおおかみ》で、やはり豊受大神の羽衣《はごろも》伝承も、丹後半島が本場だった。

この籠神社の伝承によれば、その昔、水練（水泳）の達者な若者がいて、あるとき竜宮城の入り口・一念ヶ淵の社壇を拝んでいると、竜宮城にいってしまったという話がある。

また、豊受大神は、近くの天橋立《あまのはしだて》の松の梢《こずえ》の上に籠《かご》のような形をして照り輝いていたともいい、件《くだん》の若者は、「籠」に乗って竜宮城にいったのだ、という。籠は正六角形の連続模様であり、六角形は亀甲《きっこう》で、亀の象徴と考えられる。山幸彦《やまのさちひこ》も、同じ「籠」で竜宮城に向かったのは偶然ではなさそうだ。

ところで、なぜ浦島の周辺には「籠＝亀」がたびたび登場してくるのだろう。

いうまでもなく、籠は竹からできている。じつをいうと、竹の濃厚な文化をもっていたのは、南九州の隼人《はやと》族だったのだ。したがって、浦島や豊受大神と隼人の間にも、何かしらの接点を見いだすことができる。「トヨ姫」が、九州各地の神社に祀《まつ》られている事実も見逃せない。

ここであらためて注目されるのが、海幸彦・山幸彦神話の中で、豊玉姫が隼人の

天の橋立　『丹後国風土記』にすでにその名がみえる

勢力圏である日向《ひゅうが》の海岸で子を産み落とし、陸と海の道を閉ざしていたことで、物語は完結していたのだった。

不可解なのは、ここで天皇家が隼人たちと結びついている理由がはっきりと分からない、ということなのだ。

隼人は熊襲《くまそ》でもあり、太古から天皇家を苦しめてきた人々だ。天皇家の祖が、この地を本拠地にしていたとはとても思えない。また、『日本書紀』も『古事記』も、どちらも隼人の土地であったはずの「日向」から初代天皇がやってきたと証言している。これが作り話としたら、なぜこのような「嘘」をつく必要があったのか。

じつをいうと、ここに古代史の大きな謎が秘められている。

●なぜ誰も浦島に黙っていられなかったのか

問題は、トヨとその子、ということになる。
神功皇后《じんぐうこうごう》のところで触れたように、神功皇后はほんとうはトヨで、九州で産んだ二人の皇子のうち一人を隼人《はやと》の日向《ひむか》の地においてきたのではないかとしておいた。この話が、いつしか「豊玉姫《とよたまひめ》」の悲劇として神話の形になったのではないかと思えてならないのだ。

そして、豊受大神《とようけのおおかみ》や浦島の話も、この神功皇后の伝承から派生したものではなかったか。だからこそ、多くの古代文書が黙っていられなかったということになるのではないか。

黙っていられなかったにもかかわらず、多くの謎が残された理由もはっきりしてくる。神功皇后の悲劇は、ヤマト朝廷誕生の悲劇でもあり、天皇家出生の秘密を、八世紀の天皇家が語ることはできなかったのだろう。

つまり、こういうことなのだ。

二世紀から始まった瀬戸内海や畿内《きない》・山陰の勢力と北部九州の鉄をめぐる利権争いは、東側に軍配が上がり、北部九州はしだいに圧迫を受けていった。そこで北部九州勢力の採《と》った乾坤一擲《けんこんいってき》の大勝負が、魏《ぎ》との間に国交を結び、「倭国王《わこくおう》」の称号を勝ち取ってしまうことだった。

　これに対し畿内勢力は、大分県日田《ひた》の地に拠点を築き、トヨによる「倭国王」奪還作戦が展開された。ここに卑弥呼《ひみこ》が殺され、卑弥呼の親族の男性がトヨの夫になり、紆余曲折《うよきょくせつ》を経て、女王トヨが誕生する。

　しかしトヨの政権は、ヤマトの裏切りによってあっけなく崩壊する。九州の地で巨大化したトヨの勢力を、ヤマトが危険視し、背後から攻め落としたのだった。

　逃げるトヨ。

　このとき、トヨには、二人の皇子がいた。その一人は日本海を逃げ、信州の諏訪《すわ》に落ち延びて建御名方命《たけみなかたのみこと》に、そしてもう一人、トヨと九州勢力の間に生まれた皇子は、日向の隼人のもとに預けられたのだった。

　三世紀、畿内勢力は、北部九州に進出するとともに、隼人の地域（とくに東側の海岸。要するに日向の地）とも交流をもっていたことが考古学的に確かめられていて、トヨの選択の意味が分かってくる。

　もともと、ヤマトと日向は北部九州を圧迫する共通の目的でつながっていたのだ。そして、このとき隼人の地に預けられたのがのちの神武《じんむ》天皇で、なぜヤマト建

武内宿禰（一勇斎国芳筆）

国に必要とされたかというと、裏切られたトヨが、祟《たた》って出ると恐れられ、畿内が混乱したからにほかならない。

こうしてみてくれば、浦島太郎伝説の背後に、ヤマト建国をめぐる大きな謎かけが残されていたことに気づくはずだ。

それでは、浦島太郎の正体とはいったいなんだろう。

それは、おそらく神功皇后の側近・武内宿禰《たけのうちのすくね》のことだろう。この人物は蘇我《そが》氏の祖として知られるが、出雲神・事代主神《ことしろぬしのかみ》（下照姫《したでるひめ》の兄）や住吉神（塩土老翁《しおつつのおじ》）と接点をもっているからだ。

彼らが皆ヤマト建国に際し、天皇家をヤマトに導く行動をとっていた理由も、これではっきり鮮明となる。

聖者聖徳太子の悲劇

●鬼の姿で祀られる聖徳太子

ここで再び聖徳太子にご登場願うのは、この人物に残された奥深い謎を解いておこうと思うからだ。

いうまでもなく、聖徳太子は七世紀の飛鳥《あすか》に燦然《さんぜん》と輝く偉人だ。そして、「太子信仰」は中世のみならず、今日に至るまで、根強く守られている。日本の歴史を代表する人物であったことは、お札《さつ》の顔になったことからもはっきりしている。はっきりしていないのは、この人物の正体であって、そのギャップは滑稽なほどだ。では、なぜ聖徳太子は偉人ともてはやされ、逆に、その正体が分からないのだろう。哲学者の梅原猛《たけし》氏は、次のように考えた。

法隆寺には多くの謎が残され、しかも、聖徳太子等身像《とうしんぞう》と伝えられる救世観音《ぐぜかんのん》の後頭部には、直接光背《こうはい》が打ち込まれている。これは、聖徳太子の祟《たた》りを恐れた何者かが、怨霊《おんりょう》封じ込めの呪術《じゅじゅつ》を施したものに違いなく、そして、それをやったのは、中臣鎌足《なかとみのかまたり》の末裔《まつえい》、八世紀の藤原氏ではなかったか、というのだ。

これはどうしてであろう。

まず、聖徳太子の子・山背大兄王《やましろのおおえのおう》一族を滅亡に追い込んだのは蘇我入鹿《そがのいるか》としても、背後に黒幕がいたのではないか、と梅原氏は推理した。山背大兄王らの滅亡の直後、中臣鎌足が異例の出世を遂げているからで、また、八世紀、藤原氏の周辺に変事が起きると、決まって法隆寺が丁重に祀《まつ》られたから、というのだ。つまり、聖徳太子一族（上宮王家《じょうぐうおうけ》）襲撃の影の主犯は中臣鎌足で、だからこそのちの藤原氏は、法隆寺の聖徳太子を恐れたのだろう、とする。

画期的なアイディアといっていい。しかし、通説は、真っ向からこの説に反論する。この当時、怨霊《おんりょう》などという概念はまだなかった、というもの、また、中臣鎌足が上宮王家滅亡事件の主犯であったなら、なぜ法隆寺で山背大兄王を祀らず、聖徳太子のみを恐れたのか、とする。

さて、まず第一に、怨霊という概念などなくとも、人は自然な感情として罪なくして殺された者の思いを恐れたであろうから、最初の反論は意味がない。

問題は、山背大兄王を藤原氏が祀らなかったのはなぜか、とするもので、たしかにここが梅原説のネックといえた。

しかし、それはそうであっても、「聖徳太子の怨霊」という着想を、無視できない。なぜならば、たしかに聖徳太子は、後世「鬼」の姿で祀られているからなのだ。

「聖徳太子像」は日本中至る所に存在するが、その多くが「童子《どうじ》」の姿で描かれているのはどうしてだろう。「童子」といえば、「鬼」を象徴した姿だったのだから、ここには大きな謎が秘められているとはいえないだろうか。

●なぜ比類なき聖者と描かれたのか

不思議なことはいっぱいある。

一万円札の原画となった「御物唐本御影《ぎょぶつとうほんみえい》」は、王を中央に大きく、左右の従者を小さく描く唐代の帝王肖像画を手本にしたものだ。ただ、両者には決定的な違いがある。

七世紀、唐時代の「歴代十三帝王図巻」の左右の従者たちの口元にはふさふさとしたひげが蓄えられているのに対して、聖徳太子の両脇には、なぜか「童子」が肩を並べているのだ。聖徳太子を二人の鬼が守っている、というのが「御物唐本御影」の真意ではなかったか。

聖徳太子が鬼であったことは、『日本書紀』も認めている。
用明《ようめい》二年（五八七）、世に名高い蘇我馬子《そがのうまこ》と物部守屋《もののべのもりや》の仏教導入をめぐる争いが起きている。このとき聖徳太子は十三歳で、蘇我馬子の側について参戦しているが、ここで聖徳太子は「束髪於額《ひさごばな》」の髪型であったと『日本書紀』は記録している。

さて、馬子の軍は守屋の激しい抵抗に手を焼き、にっちもさっちもいかない。これをみていた聖徳太子は、願掛けを行なったという。すると、おもしろいように軍勢は勢いを得て、守屋を打ち負かしたのだという。

いかにも聖徳太子の活躍を表現したかにみえるこの一節。ところが、『日本書紀』のほんとうにいいたかったのは、もっと別のことだ。物部守屋を打ち負かした聖徳太子の髪型が「束髪於額」であったとわざわざ言及しているのは、この髪型が古代の「童子」の典型だったからにほかならない。

すなわち、この戦闘場面は、童子が鬼を退治した昔話とまったく同じモチーフだったのだ。童子（鬼）が、モノ（物部・鬼）を退治したということになり、要するに、聖徳太子が「鬼のような活躍をした」ことをいいたかったのだ。

もっとも、『日本書紀』は、聖徳太子を比類なき聖者として描いているから、聖徳太子が「鬼」だったなど、信じられないかもしれない。

しかし、「聖者伝承」こそ怪しいのだ。たしかに聖徳太子は仏教の普及に寄与したが、だからといって出家したわけではない。日本の歴史で在俗の為政者《いせいしゃ》が美化される場合、たいていは恨みをもって死んでいったものが多いことからしても、過剰ともいえる『日本書紀』の太子礼賛《らいさん》の姿勢こそ、裏に何かある証拠といえるのだ。

●祟る聖徳太子

梅原猛氏が指摘するように、八世紀の藤原氏が、法隆寺に特別の関心をもっていたことはたしかだ。とくに、天平《てんぴょう》九年（七三七）の藤原不比等《ふひと》の四人の子の相次ぐ死の直後から、さかんに法隆寺を祀《まつ》りはじめている。

当時、日の出の勢いにあって朝廷の中枢を独占しようとしていた四兄弟が、あっという間に滅びたのだ。病気は悪霊《あくりょう》がもってくるという発想があった当時、これが祟《たた》りであることを、誰もが「直感」したにちがいない。とすれば、このとき藤原氏に祀られた法隆寺が、「祟る寺」であり、聖徳太子が「祟る鬼」と考えられていたことが分かる。

不可解なのは、法隆寺が「祟る寺」、聖徳太子が「祟る鬼」とすると、藤原四兄

讒言によって死んだ長屋親王の墓

弟の死とどうつながるのか、さっぱり分からないことなのだ。仮に梅原氏のいうように、山背大兄《やましろのおおえの》王《おう》殺しの黒幕が中臣鎌足《なかとみのかまたり》であったとすれば、藤原氏が聖徳太子の祟りに怯《おび》える理由が定かではなくなる。

だいたい、藤原四兄弟の死は、天武《てんむ》天皇の孫・長屋《ながや》親王の死と結びつけられていた可能性が高い。

長屋親王は、藤原氏が朝廷を牛耳《ぎゅうじ》ろうとしたそのとき、反藤原派の皇族として頭角を現わした不運の王だった。藤原不比等没後、権力の最高位にいたのがこの人物で、藤原四兄弟は、あらゆる手段を用いて、引きずり下ろそうとしたのだった。結局、「よくないことを学んだ」といういい加減な理由だけで、一族は滅亡に追い込まれたのだった。

もちろん、この長屋親王は祟って出ていた。

長屋親王の一族の遺体は焼きくだかれ、平城京《へいじょうきょう》の外に捨てられた。いっぽう長屋親王本人の骨は、土佐国《とさ》（高知県）に流されたのだが、この土地の農民がばたばたと死に、長屋親王の祟りに違いないと、朝廷に訴え出た。やむなく骨は引き取られ、紀国《きのくに》の小島に移されたという。

長屋親王の死が西暦七二九年、藤原四兄弟の急死が七三七年。長屋親王の執念が、都を恐怖のどん底に陥れたのだった。

とすれば、藤原氏の法隆寺重視と長屋親王の祟りは密接につながっていた疑いが出てくる。ただし、ここでの問題は、『日本書紀』や『続日本紀《しょくにほんぎ》』の記述を読む限り、聖徳太子と長屋親王の間には、接点がまったくない、ということなのだ。

では、なぜ藤原氏は、長屋親王の祟りに怯えたとき、法隆寺に注目したのだろう。ここに、これまでまったく見落とされてきた、聖徳太子の秘密に気づくのだ。

●法隆寺の秘密

法隆寺最大の祭りに、天平《てんぴょう》時代（要するに藤原氏勃興期《ぼっこうき》）にはじまった聖霊会《しょうりょうえ》（太子会）がある。この祭りのクライマックスは舞楽蘇莫者《ぶがくそまくしゃ》で、このなかで、蘇莫者なるものが、舞台狭《せま》しと踊り狂う。

梅原猛氏は、この蘇莫者に蘇我氏の「蘇」が入っていることから、これを蘇我系皇族・聖徳太子の姿ではないかと推理した。しかし、実際には「太子（聖徳太子だろう）」という名の笛吹がいて舞台の袖に座っているから、蘇莫者は聖徳太子ではない何者かであったと考えたほうがいい。

では、この法隆寺最大の祭りの主人公・蘇莫者とは何者なのか。

蘇莫者の出で立ちに注目してみよう。

恨めしげな面をかぶり、額から垂れ下がった白髪が顔面を覆い隠している。また、「唐人風《とうじんふう》」の服をまとい、肩から「蓑《みの》」をまとった姿は、常人のそれではなく、これは鬼そのものといえる（顔や姿を隠し、蓑《みの》を着るのは鬼）。そして、唐人風の衣裳とそっくりな鬼が『日本書紀』に登場していたことを思い出す。それが斉明《さいめい》天皇の前に姿を現わした蘇我入鹿《そがのいるか》の怨霊《おんりよう》であり、法隆寺で祀《まつ》られていたのは、聖徳太子だけではなく、蘇我入鹿に代表される「蘇我本宗家」だったのではないか、と想像がつく。

そして、ここで長屋親王の祖父・天武《てんむ》天皇の系譜というものを思い起こせば、興味深い事実に行き着く。というのも、天武天皇は、斉明天皇の初婚の相手、蘇我系皇族高向王《たかむくおう》との間の子であった疑いが強い。とするならば、この高向王も、蘇我入

下の太子と呼ばれている大聖将軍寺

鹿や聖徳太子らとともに、法隆寺に祀られていてもなんの不思議もない。

中大兄皇子《なかのおおえのみこ》や中臣鎌足《なかとみのかまたり》らによって地獄の底に追いやられた蘇我氏一党の恨《うら》みが、この寺に集約されていたのではなかったか。だからこそ、「蘇我系皇族天武天皇」の孫・長屋親王の祟りも、この法隆寺で祀られたと考えられる。

さて、法隆寺と長屋親王の関係を知るうえで興味深いのは、大阪府に残された「三つの太子」、上の太子、中の太子、下の太子だ。

聖徳太子の眠る叡福《えいふく》寺が上の太子。中《ちゅう》宮《ぐう》天皇なる人物を祀る野中《やちゅう》寺が中の太子(この中宮天皇が天武天皇だったことは、拙著『鬼の王権・聖徳太子の謎』〈日本文芸社〉

の中で詳述した)。そして、大聖将軍寺《たいせいしようぐん》が下の太子と呼ばれている。上・中が聖徳太子と天武天皇ということになるのだが、下の太子には、次のような伝承が残されている。

それによれば、聖徳太子はじつは毒殺され、大聖将軍寺には、その様子を描いた絵巻が残っていた、というのだ。問題は、長屋親王も、一族毒をあおって滅亡した、という伝承が残っていて、この「下の太子」の言い伝えは、長屋親王=下の太子のものであったと考えられる。

この仮説に従えば、祟る聖徳太子の謎も自然に解けてくるはずなのだ。

［補］関係人物小伝

第一章

長髄彦《ながすねひこ》 【生没年不詳】

大和《やまと》国鳥見《とみ》の土着の首長。物部《もののべ》氏の祖・ニギハヤヒが天《あま》の磐船《いわふね》でヤマトに舞い下りたとき、妹を捧げて仕えたといい、神武天皇のヤマト入りに抵抗したことで知られる。東北の安倍《あべ》氏は、このナガスネヒコの兄・安日《あび》の末裔《まつえい》を自称している。

磯城県主《しきのあがたぬし》 【生没年不詳】

三輪山の麓、城上郡《しきのかみ》志貴御県坐《しきのみあがたにます》神社付近を中心として勢力をもった古代豪族。『日本書紀』によれば、初期ヤマト朝廷の正妃を輩出する一族であったという。『日本書紀』はこれ以上のことを述べないが、磯城県主が物部同族であったことは、『先代旧事本紀《せんだいいくじほんぎ》』や『新撰姓氏録《しんせんしょうじろく》』に記されている。

ハツクニシラス天皇＝崇神《すじん》の皇居が、磯城であったように、古代ヤマトの中心を陣取っていた意味は大きい。

平群真人《へぐりのまひと》 【生没年不詳】

五世紀、雄略《ゆうりやく》天皇や武烈《ぶれつ》天皇という「悪《あ》しき天皇」「独裁志向の暴君」の出現によって、蘇我《そが》系豪族は次々と受難していく。雄略天皇のときは葛城《かつらぎ》氏（円《つぶら》大臣）

が血の粛清を受けた。生駒《いこま》山の東麓に勢力を張っていた平群《へぐり》氏も、人を痛めつけることに快楽を見いだした武烈《ぶれつ》天皇に滅ぼされている。

　蘇我系豪族は、ヤマト建国以来の豪族層による合議制という慣習を守ろうとして、天皇家と対立し、蘇我入鹿《そがのいるか》暗殺も、同様の視点で見直す必要があろう。

物部守屋《もののべのもりや》　【?～五八七】

　敏達《びだつ》天皇の時代、国政に参与《さんよ》。仏教推進派の蘇我馬子《そがのうまこ》と対立し、五八七年用明《ようめい》天皇没後、穴穂部皇子《あなほべのみこ》擁立に走るが失敗。結局蘇我馬子に攻められ滅亡する。

　ただし、物部系の伝承、『先代旧事本紀《せんだいくじほんぎ》』には、この事件のあったことが記されていないばかりか、物部守屋を傍流と位置づけていて、物部本宗家と蘇我氏の対立という図式は描けないことが分かる。

小野妹子《おののいもこ》　【生没年不詳】

　日本最初の遣隋使《けんずいし》。近江《おうみ》滋賀郡小野の豪族の出。六〇七年、聖徳太子の命で「日いづる処《ところ》の天子……」という隋《ずい》にとって屈辱的な国書を煬帝《ようだい》に送り届ける。翌年裴世清《はいせいせい》とともに帰国。同年、高向玄理《たかむこのげんり》・僧旻《みん》らの留学生を伴って再び隋に渡る。

　聖徳太子の寵臣として活躍しながら、のちの朝廷に無視されたという説もある。聖徳太子の謎のひとつといっていい。

蘇我倉山田石川麻呂《そがのくらやまだいしかわまろ》 【?～六四九】

蘇我馬子《うまこ》の孫・蘇我入鹿《いるか》の従兄弟《いとこ》に当たる。

蘇我本宗家の蘇我蝦夷《えみし》や入鹿と対立し、乙巳《いっし》の変《へん》で中大兄皇子《なかのおおえのみこ》や中臣鎌足《やかとみのかまたり》に呼応したと『日本書紀』はいう。しかし、この『日本書紀』の記述は疑わしい。蘇我派の孝徳《こうとく》朝で活躍し、だからこそ中大兄皇子らに滅ぼされたのではあるまいか。

興福《こうふく》寺本尊山田寺仏頭は、石川麻呂の菩《ぼ》提寺《だいじ》である飛鳥山田《あすかやまだ》寺の本尊であったものを、藤原氏の氏寺・興福寺の僧兵が略奪したもの。

石上麻呂《いそのかみのまろ》 【六四〇～七一七】

物部麻呂《もののべのまろ》。壬申《じんしん》の乱《らん》に際し大友皇子に最後まで従ったことで知られ、天武《てんむ》朝では遣新羅《しらぎ》大使、文武《もんむ》朝では筑紫《つくし》統領として活躍。

物部一族最後の大政治家で左大臣にまでのぼりつめたが、七一〇年、平城遷都に際し、右大臣藤原不比等《ふひと》の謀略によって、旧都（藤原京）の留守居役として、生殺しの目にあった。

長屋親王《ながやしんのう》 【六八四～七二九】

高市皇子《たけちのみこ》の子。天武《てんむ》天皇の孫。藤原全盛

時代、藤原の血を引かない有力皇族として登場し、頭角を現わした。このため、徹底的にマークされ、当時最高の権力を握る地位にありながら、実権を藤原氏に奪われた。

その手口は律令《りつりょう》を勝手に藤原氏の都合のいいように解釈する、というものだった。結局藤原氏の陰謀によって、一族滅亡に追い込まれる。

行基《ぎょうき》　［六六八〜七四九］

奈良時代の僧。渡来系の高志《こし》氏の出身。十五歳で出家し法興《ほうこう》寺にはいり、のち薬師《やくし》寺に移り、法相《ほっそう》宗を学ぶ。律令《りつりょう》の矛盾《むじゅん》に苦しむ人々を救済するために、各地の道を整備し、橋を架《か》け、救済所を設けた。民衆の立場になって仏教を説いたため、朝廷から弾圧された。しかし、聖武天皇の時代、抜擢《ばってき》され、大僧正の地位に至る。東大寺建立の立て役者のひとり。

吉備真備《きびのまきび》　［六九五〜七七五］

奈良時代の学者・政治家。生涯、反藤原を貫いた孤高の人。吉備地方の豪族の出身。遣唐使《けんとうし》として渡海。

七三五年の帰朝後藤原氏の没落も手伝って急速に台頭し、聖武《しょうむ》天皇や称徳《しょうとく》天皇によく仕えた。恵美押勝《えみのおしかつ》の乱《らん》に功があった。晩年、藤原氏の暗躍によって、天武系から天智系の王朝のすり替えが行なわれ、これに抵抗するも力及ばなかった。また、唐《とう》からもち帰った多くの書籍は、後世に大きな影響を与えた。

玄昉《げんぼう》　【?～七四六】

奈良時代の僧。法相宗《ほっそうしゅう》。俗姓阿刀《あと》氏。養老元年(七一七)、吉備真備《きびのまきび》らとともに入《にっ》唐《とう》、天平七年(七三五)、諸仏像と経論《きょうろん》五千余巻を日本にもち帰る。宮子の気鬱《きうつ》を快《かい》癒《ゆ》させ一躍《いちやく》政局の中枢にたつ。天平九年には僧正までのぼったが、藤原仲麻呂に疎《うと》まれて筑前《ちくぜん》に左遷され、配所で死亡。

ちなみに阿刀氏は、物部《もののべ》同族で、反藤原ののろしをこの人物が上げたのは意味のないことではない。

光明子《こうみょうし》　【七〇一～七六〇】

聖武《しょうむ》天皇の皇后。孝謙《こうけん》(称徳《しょうとく》)天皇の母。藤原不比等《ふひと》の娘。悲田院《ひでんいん》・施薬院《せやくいん》を設け、弱者を救済し、聖武天皇に東大寺建立を勧めたという。仏教に帰依《きえ》し、「積善《せきぜん》の藤家《とうけ》」を自称した。

正倉院《しょうそういん》宝物は、聖武の一周忌に遺品を東大寺に献納したもの。

一般にこの女人は、藤原不比等の娘として、聖武天皇を藤原氏の傀儡《かいらい》にするための監視役だったというふうにみられているが、事実はまったく異なる。詳細は拙著『鬼の帝《みかど》 聖武天皇』を参照していただきたい。

藤原仲麻呂《なかまろ》　【七〇六〜七六四】

藤原武智麻呂《むちまろ》の子。政敵橘《たちばな》氏を奈良麻《ならま》呂《ろ》の変で潰《つぶ》すと、一気に独裁政権を樹立した。のち、道鏡《どうきょう》の存在をめぐって孝謙《こうけん》上皇と鋭く対立。反乱を起こし、吉備真備《きびのまきび》に滅ぼされる。

自らを「皇帝」になぞらえ、横暴は激しく、藤原内部からも批判を受けた。また、叔母・光明皇太后《こうたいごう》の信頼厚かったと通説はいい、逆に、仲麻呂は光明子を最大限利用したとも考えられているが、これもじつに怪しい。

光明子のしたたかさが歴史家の目をあざむいているだけであって、この女人は、聖武天皇とその子・孝謙《こうけん》天皇（称徳《しょうとく》天皇）を守るために、仲麻呂に協力する素振りを見せたにすぎない。

第二章

孝元《こうげん》天皇　【生没年不詳】

第八代天皇。孝霊《こうれい》天皇の皇子。いわゆる欠史《けっし》八代の天皇のひとりで、実在は危ぶまれる。しかし、この天皇の周辺から、蘇我《そが》系氏族が輩出され、さらにその子の第九代開化《かいか》天皇とヤマト建国の直前の物部《もののべ》氏の系図に似かよりがあって、第十代で「初代ヤマト」の大王の崇神《すじん》天皇以前のヤマトの王家が、孝元・開化天皇だったのではあるまいか。すなわち、彼らこそ、天皇家東遷以前のヤマトの物部《もののべ》氏だった疑いが強い。

応神《おうじん》天皇　【生没年不詳】

第十五代天皇。仲哀《ちゅうあい》天皇の皇子。母は神功皇后《じんぐうこうごう》。四〜五世紀にかけての在位とみられている。数々の伝説に彩られ、八幡神としてもっとも有名な天皇といえる。

謎に満ちた人物で、皇太子時代、北陸の気比《けひ》神宮の祭神と「名」を交換したと『日本書紀』にあり、このことから、応神天皇が新王朝の始祖だったのではないか、とする説もある。

王が名をかえるのは、中国にいう「易姓《えきせい》革命」にほかならないからだ。しかし私見は、この天皇は実際には建御名方神《たけみなかたのかみ》として信州に逃れたとみていて、だからこそ、北陸の入り口・気比神宮の祭神と名を交換したことにされたのだろうと考えている。

仁徳《にんとく》天皇　【生没年不詳】

第十六代天皇。応神《おうじん》天皇の皇子。日本最大の前方後円墳（大阪府堺市大仙町）に葬られていることでも知られる。『宋書《そうじょ》』倭《わ》国伝《こくでん》にみえる倭の五王のひとり、讃《さん》あるいは珍《ちん》と同一ではないかと考えられている。

武烈《ぶれつ》天皇　【生没年不詳】

第二十五代天皇。仁賢《にんけん》天皇の皇子。人を

苦しめることに快楽を求めた悪徳の天皇と『日本書紀』は記録している。武烈亡き後、北陸から連れてこられた継体《けいたい》天皇との間に王家の断絶があったのではないかと疑われているが、実際はどうだったのだろう。大いにありうることだと思う。ただし、そうであったとしても、七世紀の飛鳥《あすか》で、再び逆転劇があって、武烈の末裔《まつえい》が今日の天皇家だったと筆者は考えている。

崇峻《すしゅん》天皇 【?～592】

第三十二代天皇。欽明《きんめい》天皇の皇子。蘇我《そが》氏・物部《もののべ》氏の確執《かくしつ》が一段落した段階で、蘇我稲目《いなめ》の娘から生まれたこの人物が擁立された。しかし、蘇我氏の専横に業を煮《に》やした崇峻天皇は、蘇我氏に背き、このため、蘇我馬子《うまこ》に殺された、と『日本書紀』は伝えている。

この事件にはもう少し裏がありそうだ。崇峻天皇と物部守屋《もののべのもりや》の行動がよく似ているのも気になる。意外に、両者は同一人物だったのではあるまいか。

孝徳《こうとく》天皇 【五九七～六五四】

第三十六代天皇（在位六四五～六五四）。皇極《こうぎょく》（斉明《さいめい》）天皇の弟。乙巳《いっし》の変《へん》の直後、中臣鎌足《なかとみのかまたり》の意見により即位した、と『日本書紀』はいう。都を難波《なにわ》に移し、いわゆる大化改新《たいかのかいしん》の改革事業を手がける。中大兄皇子《なかのおおえのみこ》と対立。中大兄皇子は六五三年、天皇の許可なく多くの役人を引き連れて飛鳥《あすか》に移ったという。こうして孝徳天皇は失意のなか、亡くなる。子の有間皇子《ありまのみこ》は、中大兄皇子らの陰謀によって謀反《むほん》の罪で刑死した。

文武《もんむ》天皇　【六八三〜七〇七】

第四十二代天皇（在位六九七〜七〇七）。天武《てんむ》天皇と持統《じとう》天皇の孫。草壁皇子《くさかべのみこ》の子。持統天皇の譲位によって十五歳で即位。藤原不比等《ふひと》の娘・宮子を夫人とし、不比等の台頭の足がかりをつくった。大宝律令《たいほうりつりょう》の制定が名高い（もっとも本人が制定したわけではないが）。『万葉集』『懐風藻《かいふうそう》』に名を連ねる。

淳仁《じゅんにん》天皇　【七三三〜七六五】

第四十七代天皇（在位七五八〜七六四）。舎人《とねり》親王の子。藤原仲麻呂《なかまろ》（恵美押勝《えみのおしかつ》）が朝堂独占のために選んだ傀儡《かいらい》天皇。

藤原仲麻呂の長子の妻をあてがわれ、仲麻呂を「父」と呼んだ。恵美押勝の乱で吉《き》備真備《びのまきび》らに捕らえられ、淡路に流された。

光仁《こうにん》天皇　【七〇九〜七八一】

第四十九代天皇（在位七七〇〜七八一）。天智《てんじ》天皇の孫。施基皇子《しきのみこ》の子。称徳《しょうとく》天皇の死後、混迷する朝廷にあって藤原永手《ながて》・百川《ももかわ》らによって擁立された。六十歳を越えるまでうだつの上がらない落ちぶれ貴族だったという。この天皇の出現で天武《てんむ》系王朝は途絶える。

桓武《かんむ》天皇 ［七三七～八〇六］

第五十代天皇（在位七八一～八〇六）。光仁《こうにん》天皇の第二皇子。平城京《へいじょうきょう》から長岡京へ移り、さらに平安京に遷都した。坂上《さかのうえの》田村麻呂《たむらまろ》を東北に差し向け蝦夷《えみし》を鎮圧し、律令《りつりょう》政治の再建に努めたとされている。

長岡京造営に際し、藤原種継《たねつぐ》暗殺事件に連座した弟の早良《さわら》親王を流刑に処するが、親王が抗議の断食で死ぬと、その祟《たた》りを恐れたとされている。

第三章

推古《すいこ》天皇 ［五五四～六二八］

第三十三代天皇（在位五九二～六二八）。欽明《きんめい》天皇の第三皇女。母は蘇我塩堅媛《そがのきたしひめ》。わが国最初の女帝。

はじめ異母兄の敏達《びたつ》天皇の皇后。五九二年、崇峻《すしゅん》天皇の死後即位した。子に竹田《たけだ》皇子《のみこ》がいた。甥《おい》の聖徳太子《しょうとくたいし》を皇太子に据え、実務を委《ゆだ》ねた。

兄の用明《ようめい》天皇とともに、蘇我色の強い天皇として知られる。

物部鎌姫大刀自連公《もののべのかまひめおおとじのむらじきみ》【生没年不詳】

『日本書紀』には見当たらない。『先代旧事本紀《せんだいくじほんぎ》』によれば、この女人はニギハヤヒ十三世の孫・物部尾輿《おこし》連公の孫で、推古天皇の世に神宮を祀《まつ》ったとあり、また、蘇我《そがの》馬子《うまこ》の妻となって入鹿《いるか》を産んだと伝える。

七世紀の多くの謎を解くポイントを握った人物であった疑いが強い。

額田王《ぬかたのおおきみ》【生没年不詳】

七世紀後半、万葉前期の歌人として知られる。父親は鏡王《かがみのおう》とされるが、その出生や生涯に謎が多い。はじめ大海人皇子《おおあまのみこ》(のちの天武《てんむ》天皇)に嫁ぎ十市《とおち》皇女を産むも、のちに天智天皇のもとに引き取られた。

三輪《みわ》山を偲《しの》ぶ歌を残していることなどから、高級巫女《みこ》だったのではないかと疑われている。

元明《げんめい》天皇【六六一〜七二一】

第四十三代天皇(在位七〇七〜七二一)。天智《てんじ》天皇の娘で草壁皇子《くさかべのみこ》の妃《きさき》。文武《てんむ》天皇と元正《げんしょう》天皇を産む。

平城京遷都、『古事記』『風土記』の編《へん》纂《さん》、和同開珎《わどうかいちん》の鋳造など、大きな業績を残している。

この天皇は、「藤原の子」聖武《しょうむ》天皇を即位させるための中継ぎという印象が強い。

元明天皇の残した万葉歌からは、物部《もののべ》氏の反発を押し切って皇位についていた可能性を残している。

元正《げんしょう》天皇 ［六八〇～七四八］

第四十四代天皇（在位七一五～七二四）。父は草壁皇子《くさかべのみこ》、母は元明《げんめい》天皇。養老律令《ようろうりつりょう》の監修、三世一身《さんぜいいっしん》の法《ほう》の発布といった業績が知られている。

この天皇も「藤原の子」聖武《しょうむ》天皇を即位させるための中継ぎ役だった。

宮子《みやこ》 ［?～七五四］

藤原不比等《ふじわらのふひと》の娘。母は賀茂比売《かもひめ》の娘。文武《もんむ》天皇の夫人となり聖武《しょうむ》天皇を産む。聖武を産み落とした直後から「深い気鬱《きうつ》」によって不比等邸に幽閉され、三十数年後、藤原四兄弟の急死の直後、玄昉《げんぼう》に看病してもらい、「正気」を取り戻し、聖武に再会するという数奇な運命をたどる。

藤原不比等は、聖武天皇を藤原の子として純粋培養《ばいよう》したかったのだろう。おそらく、宮子の体の中に、葛城《かつらぎ》の「賀茂」の血が入っていたことを恐れたのではなかったか。

県犬養三千代《あがたいぬかいのみちよ》 ［?～七三三］

夫・美努王《みぬおう》との間に橘諸兄《たちばなのもろえ》（葛城王《かつらぎおう》）を産むが、美努王が都から遠ざけられたすきに、藤原不比等《ふひと》に寝取られる。

どうにも不可解な事件で、橘諸兄がのちに反藤原の旗手になるのも、このあたりの因縁からか。

不比等との間に産まれた子が光明子《こうみようし》だから、複雑な人間模様となっている。光明子と並んで、天平の裏側の歴史の秘密を握ったひとり。

井上内親王《いのうえないしんのう》　[七一七～七七五]

光仁《こうにん》天皇の皇后。聖武《しようむ》天皇の皇女。母は県犬養広刀自《あがたいぬかいのひろとじ》。神亀《じんき》四年（七二七）、斎《いつき》内親王に選ばれ、伊勢神宮に赴く。のちに白壁王《しらかべおう》（のちの光仁《こうにん》天皇）に嫁ぎ、宝亀《ほうき》元年（七七〇）、夫の即位とともに皇后となる。

しかし宝亀三年には、巫蠱《ふこ》（呪《まじな》いによって人を占うこと）大逆によって、廃后。また、その年、息子・他戸《おさべ》親王も母親の罪に連座して廃太子となる。同四年、難波《なにわ》内親王を厭魅《えんみ》したと訴えられ、母子共々、大和《やまと》国宇智《うち》郡に幽閉され、翌年、二人同時に死を迎える。おそらく、藤原百川《ももかわ》らの手で暗殺されたと考えられている。

十市《とおち》皇女　[?～六七八]

天武《てんむ》天皇の長女。母は額田王《ぬかたのおおきみ》。天智《てんじ》天皇の子・大友皇子《おおとものみこ》に嫁ぎ、葛野王《かどののおう》を産む。壬申《じんしん》の乱《らん》ののち父のもとに帰り、天武《てんむ》四年（六七五）二月、阿閉《あべ》（陪）皇女（のちの元明《げんめい》天皇）と伊勢に参詣。同七年四月、天皇が倉梯《くらはし》の河上の斎宮《いつきのみや》に出発する直前、宮中で急死。『万葉集』巻二に高市皇子《たけちのみこ》の十市皇女の死を悼《いた》む歌が残されている。

壬申の乱のとき、吉野に逼塞《ひっそく》していた父大海人皇子《おおあまのみこ》に、魚の腹に密書を忍ばせ近江《おうみ》朝の情報を漏らしていたという伝説をもつ。

第四章

事代主神《ことしろぬしのかみ》

『日本書紀』の記述に従えば、大国主神《おおくにぬしのかみ》（大己貴神《おおなむちのかみ》）の子、ということになる。

出雲《いずも》の国譲りに際し、天孫族の要求を受け入れたことで知られる。父大国主神が七福神の大黒天《だいこくてん》と同一視されるのと同様、この神も恵比須様《えびすさま》として、後世、民衆の信仰を集めた。航海や商売の神とされている。

ところで、事代主神は実際には大己貴神の子ではなく大物主神の子で、蘇我《そが》氏の祖であった疑いが強い。事代主神は宗像神《むなかたのかみ》の子で、下照姫《したでるひめ》の兄。

カヤナルミ

「記紀」神話には現われない神。出雲国《いずものくにの》造《みやつこ》が新任されたとき、都に赴き読み上げる「出雲の国の造の神賀詞《かむよごと》」の中に登場する出雲を代表する四柱の神の一柱（賀夜奈留美命）。江戸時代の国学者たちは、この神を出雲神下照姫《したでるひめ》と同一ではないかと疑っていた。

名推理といってよく、下照姫と兄の事代主神《ことしろぬしのかみ》や「出雲」と朝鮮半島の「伽耶《かや》」には、少なからず因縁がある。カヤナルミは、おそらく「伽耶姫」だろう。

天之日矛《あめのひぼこ》（天日槍）

第十一代垂仁《すいにん》天皇の三年三月に来朝したとされる新羅《しらぎ》王子。一節に朝鮮伝来の矛《ほこ》を人格化したものとも、あるいはこの矛をもったその人を指すのではないか、ともいわれる。また、伽耶《かや》王子ツヌガアラシトと同一人物とする有力な説がある。

伽耶は西暦五六二年に滅び、新羅や百済《くだら》に飲み込まれていった、といういきさつがあったためだ。『新撰姓氏録《しんせんしょうじろく》』や『風土記』に末裔《まつえい》氏族の名がみられ、その代表的な一族が、田道間守《たじまもり》氏。

ちなみに、『風土記』などには、この天之日矛が神話時代の神で、出雲神と戦った、という記述もある。

ヤマトタケル　【生没年不詳】

景行《けいこう》天皇の皇子。「記紀」だけではなく『風土記』にも登場し、九州の熊襲《くまそ》征伐や、東国の平定に活躍した。

ところで、ヤマトタケルは伝説上の英雄とされているが、ほんとうにそうだろうか。不思議なことはいっぱいある。

はじめヤマトタケルは朝廷に出仕《しゅつし》しない兄を捕《つか》まえ、手足をもぎ取って殺してしまうという手に負えない乱暴者だった。ところが熊襲《くまそ》征伐では女装して熊襲をだまし討ちにするという狡猾《こうかつ》さを見せ、さらに、東国平定を命じられたときは「父は私に死ね、といいたいのだろうか」と泣きついている。どうにも人格が一致しないのだ。

ひょっとすると、モデルになった何人かの人物がいて、それを抹殺《まっさつ》するための隠れ蓑《みの》だったのではあるまいか。

武内宿禰《たけのうちのすくね》

葛城《かつらぎ》・平群《へぐり》・巨勢《こせ》・蘇我《そが》氏らの祖とされる伝承性の高い人物。第八代孝元《こうげん》天皇の孫、あるいは曾孫《そうそん》とされ、「記紀」に残された伝承の共通項は、①忠孝の臣であること、②非現実的な長寿（三百歳近い）であること、③宗教的役割が強いこと、④渡来《とらい》人を指導し、開明性が強いことが挙げられる。

実際には、この人物は出雲《いずも》神・事代主《ことしろぬし》神《かみ》と同一で、しかも大阪の住吉《すみよし》大社の祭神と同一であったと考えられる。神武東征にひと肌《はだ》脱いだ塩土老翁《しおつつのおじ》や、浦島太郎とも接点をもち、ヤマト建国の秘密を握っていたと思われる。

山背大兄王《やましろのおおえのおう》　［？～六四三］

聖徳太子の子。推古《すいこ》天皇崩御《ほうぎょ》後、皇位継

承問題で蘇我《そが》本宗家と対立し、人望がありながら後ろ盾《うしろだて》を欠き、六四三年、蘇我入鹿《いるか》の軍に襲われ、一族滅亡に追い込まれたと『日本書紀』にはある。

しかし、『日本書紀』の山背大兄王をめぐる記述には矛盾が多く、のちの世に、聖徳太子と山背大兄王は親子ではなかったのではないかとささやかれていたという。

おそらく、蘇我入鹿を悪人に仕立て上げるためのトリックが山背大兄王であり、実在が危ぶまれる。

役行者《えんのぎょうじゃ》 【生没年不詳】

役小角《えんのおづぬ》。修験道《しゅげんどう》の開祖。出自《しゅつじ》は定かでないが賀茂《かも》氏とのつながりも考えられ、また実在を危ぶむ説もある。

ヤマトの葛城山《かつらぎ》で修行し鬼を使役したという。また、大海人皇子《おおあまのみこ》（天武《てんむ》天皇）が壬申《じんしん》の乱《らん》の直前吉野に逃れたとき、密《ひそ》かに守ったという伝承がある。

そのためか、のちの朝廷は役行者を重用したと『続日本紀《しょくにほんぎ》』はいい、また、持統《じとう》天皇は逆にこれを捕らえて伊豆に流した、ともいう。

道鏡《どうきょう》 【?〜七七二】

奈良時代末期の法相宗《ほっそうしゅう》の僧。姓は弓削《ゆげ》。出自《しゅつじ》については諸説あって定かではないが、藤原仲麻呂《ふじわらのなかまろ》が物部《もののべ》氏との関係をほのめかしていることは無視できない。孝謙《こうけん》上皇（称徳《しょうとく》天皇）の寵愛《ちょうあい》を受けて法王の位につき、権力者となったが、宝亀《ほうき》元年（七七〇）、天智《てんじ》系の光仁《こうにん》天皇の即位とともに下野《しもつけ》（栃木県）に左遷。配所で没した。

〈写真協力〉
興福寺／櫻本坊／神宮徴古館／談山神社（多武峰縁起絵巻）／唐招提寺／八重垣神社／薬師寺／陽明文庫
（五十音順）

あとがき

歴史を知るということは未来を見る力だといったが、古代史もまた、未来を見るための貴重な羅針盤《らしんばん》といえる。

六世紀の蘇我《そが》氏や聖徳太子の改革事業は、模範的な「行政改革」といえるものだった。大陸の進んだ文化を学びつつも、日本的な本質をけっして忘れなかったからだ。具体的にいえば、中国の中央集権国家の法体系であった「律令《りつりよう》」を、日本の風土に合わせて「合議制」を守るための法体系に脚色した点にある。

しかし、彼らの描いた理想は、中大兄皇子《なかのおおえのみこ》や中臣鎌足《なかとみのかまたり》らの「反動勢力」が出現して潰《つい》え去った。

この流れは、幕末から太平洋戦争に至る日本の蹉跌《さてつ》の図式とよく似ている。国力の疲弊《ひへい》、そこからの回復のプロセスには、必ずといっていいほど、「悪夢」が用意されているかのようだ。歴史は繰り返したのであり、この教訓を、われわれは貴重な民族の財産として継承していかなければならない。そして、聖徳太子と太平洋戦争を結びつけた理由もここにある。

いや、「聖徳太子の悲劇」は、今日の日本の窮状にも当てはまる。
「破局」といわれる財政も、この後に現われる政治家の力と国民の努力によって、奇跡的な回復を見せる可能性がある。しかし、本当の問題はそのあとにやってくるということを、肝《きも》に銘《めい》じておいたほうがいい。
「改革」のあとには必ず反動がやってくる。それが「歴史の教訓」であって、この事実に目をつむると、取り返しのつかないことになるだろう。再び日本は亡国の危機に立たされるにちがいないのだ。

なお、今回の執筆に当たっては、PHP研究所文庫出版部の平賀哲史氏、ホソヤプランニング代表・細谷敏雄氏、歴史作家・梅澤恵美子氏にご指導いただきました。心から感謝申し上げます。

合掌

二〇〇一年五月

参考文献

『古事記祝詞』日本古典文学大系（岩波書店）
『日本書紀』日本古典文学大系（岩波書店）
『風土記』日本古典文学大系（岩波書店）
『萬葉集』日本古典文学大系（岩波書店）
『続日本紀』新日本古典文学大系（岩波書店）
『魏志倭人伝』石原道博編訳（岩波書店）
『旧唐書倭国日本伝』石原道博編訳（岩波書店）
『三国史記倭人伝』佐伯有清編訳（岩波書店）
『先代舊事本紀』大野七三（新人物往来社）
『日本の神々』谷川健一編（白水社）
『神道大系　神社編』（財・神道大系編纂会）
『白鳥伝説』谷川健一（集英社文庫）
『弥生時代の考古学』網野善彦・大塚初重・森浩一監修（学生社）
『古代国家はこうして生まれた』都出比呂志編（角川書店）
『出雲大社』千家尊統（学生社）
『謎の出雲帝国』吉田大洋（徳間書店）
『古墳時代の考古学』網野善彦・大塚初重・森浩一監修（学生社）
『古代朝鮮と倭族』鳥越憲三郎（中公新書）
『日本の古代1　倭人の登場』森浩一編（中央公論社）
『考古学と古代日本』森浩一（中央公論社）
『邪馬台国の時代』黒岩重吾・大和岩雄（大和書房）
『日本の翡翠』寺村光晴（吉川弘文館）
『神々の体系』上山春平（中公新書）
『正倉院の謎』由水常雄（中公文庫）
『八幡信仰』中野幡能（塙新書）
『鬼と天皇』大和岩雄（白水社）
『大嘗祭』吉野裕子（弘文堂）
『神功皇后伝説の誕生』前田晴人（大和書房）
『天武天皇出生の謎』大和岩雄（六興書房）
『隠された十字架』梅原猛（新潮社）
『竹取物語と中将姫伝説』梅澤恵美子（三一書房）

本書は、書き下ろし作品です。

著者紹介
関　裕二（せき　ゆうじ）
1959年千葉県柏市生まれ。歴史作家。仏教美術に魅せられて足繁く奈良に通い、日本古代史を研究。古代をテーマにした書籍を意欲的に執筆している。
主な著書に『沈黙する女王の鏡』（青春出版社）、『謎とき古代日本列島』（講談社）、『天武天皇 隠された正体』『封印された日本創世の真実』（以上、KKベストセラーズ）、『消された王権・物部氏の謎』（PHP文庫）がある。

ＰＨＰ文庫　古代史の秘密を握る人たち
封印された「歴史の闇」に迫る

2001年6月15日　第1版第1刷
2022年11月25日　第1版第33刷

著者　関　裕二
発行者　永田貴之
発行所　株式会社ＰＨＰ研究所
東京本部　〒135-8137 江東区豊洲5-6-52
ビジネス・教養出版部　☎03-3520-9617(編集)
普及部　☎03-3520-9630(販売)
京都本部　〒601-8411 京都市南区西九条北ノ内町11
PHP INTERFACE　https://www.php.co.jp/
印刷所
製本所　大日本印刷株式会社

ISBN978-4-569-57566-7

PHP文庫

継体天皇の謎

古代史最大の秘密を握る大王の正体

関 裕二 著

古代史最大の謎といってもよい、不可解な人物・継体天皇。天皇になった経緯からその死まで、気鋭の歴史作家が大胆な発想で真実に迫る。

PHP文庫

聖徳太子の秘密

「聖者伝説」に隠された実像に迫る

関 裕二 著

摂政として推古天皇を助け、十七条憲法の制定、遣隋使の派遣など、国家としての体裁と大陸文化の移入に努めた聖徳太子の素顔に迫る。

PHP文庫

鬼の帝 聖武天皇の謎

関 裕二 著

即位後の東国行幸にはじまり、各地を転々とした聖武天皇。「傀儡の天皇」といわれた男が、胸の内に秘めた野望を著者独自の視点で追う。